Lisa Christina Repnik

111 Orte für Kinder in Graz, die man gesehen haben muss

111

emons:

Bibliografische Information der Deutschen Nationalbibliothek
Die Deutsche Nationalbibliothek verzeichnet diese Publikation in der Deutschen Nationalbibliografie; detaillierte bibliografische Daten sind im Internet über http://dnb.d-nb.de abrufbar.

MIX
Papier | Fördert gute Waldnutzung
FSC® C083411
FSC www.fsc.org

Gestaltung: Editorial Design & Artdirection, Conny Laue, Bochum, nach einem Konzept von Lübbeke | Naumann | Thoben und Nina Schäfer
Kartografie: altancicek.design, www.altancicek.de
Kartenbasisinformationen aus Openstreetmap,

Druck und Bindung: CPI – Clausen & Bosse, Leck
Printed in Germany 2023
ISBN 978-3-7408-1273-7

VORWORT

Graz als Hauptstadt der Pensionisten? Auch wenn der zweitgrößten Stadt Österreichs dieser Ruf oft vorauseilt, ist die Stadt jünger, als man denkt. Und damit sind nicht die vielen Studenten gemeint, die Graz abseits des Sommers beleben und sich gern die Nächte um die Ohren schlagen, sondern ein noch weitaus jüngeres Publikum: Kinder. Denn davon gibt es in Graz viele, und gerade für sie hat die Stadt so einiges zu bieten.

Wir – vielen lieben Dank an dieser Stelle an Madame, Monsieur, den Herrn und meine Mama – haben uns auf eine spannende Entdeckungsreise quer durch Graz begeben. Haben 111 Orte ausfindig gemacht, die, mal mehr und mal weniger bekannt, spannend für Kinder sind und selbst so manchen Einheimischen überraschen werden.

Denn wer weiß schon, dass es an einigen Orten spukt, 100-jährige Straßenbahnen durch die Stadt strawanzen, sich in der Nähe des Doms ein einsamer Schneemann auch im Hochsommer über Besuch freut und ein Brunnen förmlich dazu einlädt, mit dem Fahrrad durch ihn durchzufahren?

Ich lade Sie hiermit herzlich ein, uns auf einer Reise quer durch die Stadt zu begleiten. Durch Graz, wie man es noch nie zuvor gesehen hat – nämlich mit den Augen der Kinder!

111 ORTE

1_DER ABENTEUER-SPIELPLATZ

Einfach nur Kind sein

Um richtige Abenteuer zu erleben, muss man raus aus der Stadt? Ganz und gar nicht! Denn mitten in Graz gibt es einen besonderen Ort, an dem man allerhand erleben kann. Tiere füttern und sich um sie kümmern, Cowboy und Indianer spielen, am Lagerfeuer Brot grillen oder einfach durch die Natur streifen – am Abenteuerspielplatz Afritschgarten kann man alles machen, wonach einem der Sinn steht.

Um genau zu sein, handelt es sich beim Afritschgarten um einen ganzjährigen Spielplatz mit pädagogischem Angebot. Das heißt: Wenn Kinder wollen, können sie dort gern auch spontan geführte Kurse zu bestimmten Themen besuchen und dabei zum Beispiel das Reparieren von Fahrrädern erlernen. Oder doch lieber töpfern, die Natur erkunden, basteln oder Pizza backen?

»Können und nicht müssen« lautet hier die Devise. Jedem steht es frei, das zu tun, worauf er gerade Lust hat. Kinder sollen sich frei entfalten dürfen. Ganz ohne Zwang. Und ohne dass Mama oder Papa entsetzt die Hände über dem Kopf zusammenschlagen, wenn man einmal nicht nach deren Vorstellungen tanzt. Denn da der Spielplatz betreut ist, müssen die nicht anwesend sein. Natürlich dürfen sie aber trotzdem dabeibleiben, wenn sie möchten.

Der Besuch des Abenteuerspielplatzes ist kostenlos und muss auch nicht angemeldet werden. Also nichts wie los und hinein ins nächste Abenteuer!

TIPP: Fünf Gehminuten entfernt, vor dem Haupteingang der AVL, steht eine Skulptur in Form eines riesigen Gehirns aus Stahl und Solarpanels, die den Fortschritt der Technik symbolisieren soll.

Adresse Gabelsbergerstraße 22, 8020 Graz // **ÖPNV** Bus 40, 67, Haltestelle Lendplatz // **Öffnungszeiten** Di 15–18 Uhr, Mi–Fr 14–18 Uhr // 6–14 Jahre

2_DER ASIAMARKT

Ausflug nach Klein-Asien

Es gibt Tage, an denen ist das Fernweh groß, doch der nächste Urlaub noch in weiter Ferne. Da hilft nur eines: ein Besuch in Klein-Asien. Oder besser gesagt im Asia Minimarkt am Griesplatz.

Beim Streifen durch die bunten Regalreihen und beim Entdecken neuer, außergewöhnlicher Produkte schafft man es zumindest zeitweise, das Fernweh zu stillen und sich ein bisschen wie im Urlaub zu fühlen.

Gerösteter Kokosnusssaft oder doch lieber Aloe-Vera-Saft? Wasabinüsse oder lieber die giftgelben Stangerl, die nach Banane schmecken sollen? Zumindest wenn man nach dem Bild geht, denn die Schriftzeichen sind leider nicht immer zu entziffern. Wer die Wahl hat, hat die Qual. Neben Getränken und mal mehr, mal weniger bekannten Snacks gibt es allerhand, was man zum Kochen asiatischer Gerichte braucht: echte Currypaste zum Beispiel, die auch mal sehr scharf ausfallen kann, Reisnudeln in rauen Mengen sowie frisches Gemüse, das es in herkömmlichen Supermärkten kaum gibt. Ein Paradies für jeden, der fernöstlichen Gerichten nicht abgeneigt ist.

TIPP: Zehn Gehminuten entfernt liegt der Citypark, das zentralste Shoppingcenter Graz', das einen großen betreuten Indoorspielplatz beherbergt.

Im angeschlossenen Restaurant werden übrigens die besten Frühlingsrollen der Stadt sowie weitere thailändische Gerichte zubereitet, die man in der Form sonst tatsächlich nur im Ursprungsland bekommt. Die Kinderfreundlichkeit der Mitarbeiter gibt es kostenlos dazu. Da wird der Nachwuchs schon einmal bespaßt, sodass der Besuch zum Erlebnis wird und Mama und Papa gemütlich ihr Essen genießen können. Wie im Urlaub eben!

Adresse Albert-Schweitzer-Gasse 49, 8020 Graz // **ÖPNV** Bus 32, 33, 40, Haltestelle Griesplatz // **Öffnungszeiten** Geschäft: Mo–Fr 9–20 Uhr, Sa 9–18 Uhr; Restaurant: Mo–Fr 11–18 Uhr // ab 3 Jahre

3_DIE AUTOFREIE STRASSE

Mit dem Roller vorbei an der Tunnelentlüftung

Wer mit der Buslinie 40 bis zur Endstation in Gösting fährt und dann noch die Straßengelstraße bis zu ihrem Ende entlangspaziert, gelangt an eine besondere Straße: den Waldweg. Der Weg liegt zwar nicht, wie der Name impliziert, im Wald, steckt aber trotzdem voller Überraschungen. Entlang der durch einen Zaun abgetrennten Zugtrasse kann man hier auf einer Strecke von eineinhalb Kilometern bis in den Vorort Raach wandern, der eigentlich noch zur Stadt Graz gehört. Das Beste: Es wird einem kein Auto begegnen, denn die dürfen hier nicht fahren.

Dabei kommt man auch an etwas äußerst Kuriosem vorbei. Schon von Weitem kann man sie sehen, die riesigen grünen Muscheln, die aus dem Boden ragen. Sie sind kein Kunstwerk, sondern es handelt sich hierbei um die Tunnelentlüftung des Plabutschtunnels. Zugegeben, schön ist anders, allerdings ist es immer wieder interessant, sich vor Augen zu führen, dass unter den Füßen Autos mit mehr als 100 Stundenkilometern durchrauschen. Und die frische Luft für den Tunnel muss ja von irgendwo herkommen. Angeblich haben die Muscheln die Form von Elefanten. Tja, darüber lässt sich streiten.

Mit dem Laufrad, dem Fahrrad oder auf Inlineskatern – der Weg eignet sich bestens, um das Fahren dieser Gerätschaften zu üben, Wettrennen zu veranstalten oder einfach seinen Gedanken bei ein bisschen Bewegung freien Lauf zu lassen.

Adresse Waldweg, 8051 Graz // **ÖPNV** Bus 40, 85, Haltestelle Gösting, von dort zu Fuß bis ans Ende der Straßengelstraße // **Öffnungszeiten** täglich rund um die Uhr // ab 3 Jahre

TIPP: Auf Höhe der Lüftungsportale beginnt ein Wanderweg, der über den Jungfernsprung bis zur Burgruine Gösting führt. Gutes Schuhwerk wird empfohlen.

4_DIE AUWIESEN

Grillen an der Mur

Der Duft von Gegrilltem liegt in der Luft. Und das schon lange bevor man das eigentliche Ziel erreicht hat. Die Auwiesen sind Naherholungsgebiet, Grillplatz und Naturbeobachtungsplatz in einem.

Grillplätze sind genügend vorhanden. An Rost, Anzünder und Grillgut muss man selbst denken. Trinkwasser gibt es an Ort und Stelle reichlich, und sollte es einen spontan an die Auwiesen verschlagen haben, hat man die Möglichkeit, sich am Verkaufsstand mit ein paar Leckereien einzudecken.

Einem Verdauungsspaziergang danach steht auch nichts im Wege. In den Auwiesen kann man kilometerweit wandern und spazieren. Aber Achtung: Überall darf man nicht hin. Der Großteil der Wiesen ist nämlich eine ökologische Zone, die ausschließlich Pflanzen und Tieren vorbehalten ist. Beobachten darf man diese aber gern. Hierfür gibt es mehrere Aussichtspunkte und Infotafeln. Alle, die es nach dem Essen etwas sportlicher mögen, können sich im Street-Work-out-Park auspowern. Kajaks und Paddel kann man sich auch ausborgen, falls man die Perspektive wechseln möchte.

Wer sowieso schon mit dem Fahrrad angereist ist, kann sich bequem auf der Liegewiese ausrasten, die Füße ins Wasser halten, den vielen Stand-up-Paddlern zusehen und die Seele baumeln lassen. Auf den Auwiesen ist mit Sicherheit für jeden was dabei. Nur vom Baden sollte man mangels ausreichender Wasserqualität der Mur Abstand nehmen.

Adresse 8077 Gössendorf // **ÖPNV** Bus 34, Haltestelle Neudorfer Straße // **Öffnungszeiten** Kiosk: Mo–Sa 14–22 Uhr, So 12–22 Uhr // für jedes Alter

TIPP: Eineinhalb Kilometer flussabwärts liegt das Kraftwerk Gössendorf, das für das gleichmäßige Fließen der Mur und den Strom von 23.000 Haushalten verantwortlich ist.

5_DER BACHLEHRPFAD

Einen kühlen Kopf und kühle Füße bewahren

Vor allem an heißen Sommertagen sehnt man sich nach einer Abkühlung. Die kann man haben! Dafür muss man nur mit der Straßenbahnlinie 1 bis zur Haltestelle St. Johann fahren und dort aussteigen. Nach wenigen Schritten findet man sich am Mariatroster Bach wieder. Und damit auch am Startpunkt des ersten Grazer Bachlehrpfads.

Dieser Lehrpfad führt über den Erich-Edegger-Weg zur Straßenbahnhaltestelle Teichhof. Die Strecke ist zwei Kilometer lang, asphaltiert, kinderwagentauglich und somit für jedes Alter zu bewältigen. An unterschiedlichen Stationen erfährt man allerhand Wissenswertes zum Thema Bach. Darunter finden sich Informationen zum Hochwasserschutz sowie zur heimischen Tier- und Pflanzenwelt, und man lernt, welche Rolle Bäche früher bei der Siedlungsentwicklung gespielt haben.

Darüber hinaus wird man an insgesamt vier unterschiedlichen Sinnesstationen dazu eingeladen, selbst aktiv zu werden und das Thema Bach für sich zu entdecken. Neben einem Barfußweg und einem Summstein kann man an einer Station auch das Strömungsverhalten von Wasser erforschen.

Besonders zur warmen Jahreszeit ist der Bachlehrpfad ein tolles Ausflugsziel. Der Weg liegt zu einem großen Teil im Schatten, und das Wasser hat sowieso eine kühlende und beruhigende Wirkung. An einigen Stellen kann man sogar die Füße ins Wasser halten und kneippen. Denn Badewannentemperatur hat das Wasser leider nicht.

Adresse Mariatroster Straße, 8043 Graz // **ÖPNV** Straßenbahn 1, Haltestelle St. Johann // **Öffnungszeiten** täglich rund um die Uhr, kinderwagentauglich // für jedes Alter

TIPP: In einer Viertelstunde erreicht man zu Fuß einen riesigen Spielplatz mit Beachvolleyballanlage und Co.

6_DAS BAUSATZLOKAL

Wer die Wahl hat, hat die Qual

Do it yourself! Nein, hier handelt es sich nicht um Möbel, Spielzeug oder Ähnliches, sondern um Pizza. Richtig gelesen: Im »Area 5« am Jakominiplatz kann man seine Pizza gemäß der eigenen Wunschvorstellung kreieren.

Dabei stehen nicht nur klassische Zutaten wie Tomatensoße, Käse und Schinken zur Verfügung, sondern auch allerhand Kurioses. Oder habt ihr etwa schon einmal Schnecken auf der Pizza probiert? Wenn nicht, dann ist es allerhöchste Zeit! Wobei auch Gummibären und Nutella sehr verlockend klingen.

Das Ganze funktioniert nach Baukastensystem. Man wählt die gewünschte Pizzagröße, mini, klein oder groß, wobei die Minipizza hier einer »normalen« Pizza in einem herkömmlichen Lokal entspricht. Die Grundzutaten wie Tomaten und Pizzakäse sind schon dabei. Und dann kann man seine Pizza nach Lust und Laune belegen lassen. Der Phantasie und Kreativität sind keine Grenzen gesetzt, solange man das Ergebnis auch isst.

Sollte man keinen Appetit auf Pizza verspüren, muss man keineswegs verzagen, denn es gibt auch Pasta-, Toast-, Salat- und Waffel-Bausätze. Hungrig muss man hier also definitiv nicht bleiben. Schnell geht es auch. Dazu fühlt man sich auf der Terrasse des »Area 5« wie im Urlaub und hat darüber hinaus einen sagenhaften Ausblick auf das Treiben auf dem Jakominiplatz. Was will man mehr?

Adresse Jakominiplatz 12, 8010 Graz // ÖPNV alle Straßenbahnen, Bus 30, 31, 31E, 32, 33, 34, 34E, 35, 39, 40, 60, 67E, Haltestelle Jakominiplatz // Öffnungszeiten täglich 10.30–2 Uhr // ab 4 Jahre

TIPP: In ganz Graz gibt es schon mehr als neun Bausatzlokale, jedes hat ein anderes Sortiment – während es in einem Eierspeis-Bausätze gibt, hat das andere Ofenkartoffeln im Angebot. Wenn man das Prinzip mag, lohnt es sich, auch dort vorbeizuschauen.

PIZZA BAUSATZ
Küche tägl. durchgehend bis 23 Uhr
www.diebausatzlokale.at
Minipizza
+ Tomatensauce
+ Käse (kein Analogkäse)
+ Oregano
+ 4 Zutaten
jede weitere Zutat € 0,70
Pizzateig á la Bausatzlokale = V.B.L. Teig (Ohne tierische Produkte, Konservierungsstoffe und Emulgatoren. Täglich frisch, im Haus nach geschützter Rezeptur zubereitet)
€ 9,60
€ 8,10
€ 6,60
Basilikumpesto
Blauschimmelkäse Gorgonzola
Briekäse
Broccoli
Cayennepfeffer
Champignons frisch
Curry
Echter Schinken (AUT, kein Pizzablock)
Ei BIO Freiland (AUT)
Emmentaler
Feta Schafskäse
Goldbären Haribo
Kapern
Käferbohnen
Kernöl
Knoblauch
Kürbiskerne
Lauch frisch
Mais
Meeresfrüchte
Mozzarella
Oliven
Parmesan
Paprika frisch
Pfefferoni mild
Pfefferoni scharf
Piri-Piri
Prosciutto (ITA)
Rucola frisch
Salami
Salami scharf
Sardellen
Schlagobers
Schnecken
Sonnenblumenkerne
Speck
Spinat
Zucchini BIO frisch
Zwiebel frisch
DAS LEBEN IST EIN BAUSATZ
WWW.DIEBAUSATZLOKALE.AT

7_DER BESTE KLETTERBAUM

Höher, immer höher hinaus

Enten füttern, Tretboot fahren, Kakao trinken, picknicken, eislaufen, joggen – für das alles und noch viel mehr ist der Hilmteich bekannt. Aber wusstet ihr, dass sich auch einer der besten Kletterbäume der Stadt hier befindet?

Am nördlichen Ende des Teichs, gleich hinter dem Entenhaus, steht er. Auf den ersten Blick wirkt er ein kleines bisschen unscheinbar, fast ein wenig traurig, dabei wartet er nur darauf, beklettert zu werden. Das wird er auch – meist von Eichhörnchen oder Vögeln, weniger oft von Kindern. Dabei sind genau sie es, die er so gern mag. Dafür hat er sich sogar extra ins Zeug gelegt und bietet für alle Könnerstufen eigene Routen an.

Zugegeben: Die Kleinsten brauchen schon noch etwas Unterstützung von den Großen. Ist die erste Hürde geschafft, gibt es zig Möglichkeiten, um sicher zu sitzen und das rege Treiben von oben zu beobachten. Wenn man sich erst einmal ausgeruht hat, kann man von hier aus noch höher hinaufklettern, sofern einen der Mut noch nicht verlassen hat.

Und wenn man sich nach weiteren Herausforderungen sehnt, sollte man den angrenzenden Leechwald mit seinen unzähligen Geheimwegen und -verstecken aufsuchen. Oder man macht eine kurze Pause in einer der gemütlichen Hängematten in der Nähe, ehe es auf dem Spielplatz auf zu neuen Abenteuern geht.

TIPP: Im angrenzenden Leechwald steht die Hilmwarte, ein ehemaliger Aussichtsturm aus dem 19. Jahrhundert. Heute ist sie Forschungsstation und beliebtes Fotomotiv.

Adresse Hilmteichstraße 70, 8010 Graz // **ÖPNV** Straßenbahn 1, Haltestelle Hilmteich // **Öffnungszeiten** täglich rund um die Uhr // ab 4 Jahre

8_DIE BESTE SPRINGPFÜTZE

Einmal von oben bis unten nass werden

Es beginnt zu nieseln. Langsam, aber sicher wird es mehr. Bis das Ganze schließlich in einen richtigen Wolkenbruch mündet. So oder so ähnlich trägt es sich in Graz gelegentlich zu. Doch das ist kein Grund, den ganzen Tag daheim zu sitzen und Trübsal zu blasen. Nichts wie hinein in das Gatschgewand und die Gummistiefel und ab nach draußen in den Bezirk Gries zur besten Springpfütze der ganzen Stadt.

Denn ganz ehrlich, gibt es was Schöneres, als durch den Regen zu tanzen und in Pfützen zu springen? Für alle, denen das riesigen Spaß macht, kommt hier ein Geheimtipp.

Eine der besten Pfützen findet man in der Griesgasse/Ecke Igelgasse vor dem Café Parks. Dort schießt das Wasser wie eine voll aufgedrehte Dusche von der Dachrinne in die Tiefe und mündet in eine Pfütze. Und die kann sich sehen lassen: zwei Meter lang, einen Meter breit und richtig tief, sodass kleine Kinder aufpassen müssen, dass ihnen das Wasser nicht von oben in die Stiefel rinnt.

Spaß ist hier vorprogrammiert. Auch als Erwachsener sollte man sich einmal hineinwagen. Man fühlt sich sofort in die eigene Kindheit zurückversetzt und lernt, den Regen wieder zu lieben. Sollte man ohne Kinder unterwegs sein, ist es allerdings ratsam, um diesen Teil der Griesgasse einen Bogen zu machen, denn es ist nicht sicher, dass man hier trocken vorbeikommt.

TIPP: Zum Aufwärmen danach empfiehlt sich das Kunsthauscafé. Hier gibt es nicht nur heiße Schokolade, sondern auch eine Kuchenvitrine mit richtig toller Auswahl. Oder man dreht im Kunsthaus eine Runde durch die regelmäßig wechselnden Ausstellungen.

Adresse Griesgasse 7, 8020 Graz // ÖPNV Straßenbahn 1, 4, 6, 7, Haltestelle Südtiroler Platz // Öffnungszeiten an Regentagen rund um die Uhr // für jedes Alter

9_DER BISCHOFSSTUHL

Bequemer sitzt es sich heute nirgends mehr

Wer nach dem anstrengenden Aufstieg auf den Schloßberg die Sehnsucht nach einer Rast verspürt, sollte diesem Bedürfnis unbedingt nachkommen. Viele schattige Plätzchen mit bester Aussicht schreien förmlich danach, benutzt zu werden.

Dennoch sollte man erst mal widerstehen und noch ein bisschen weiter in Richtung Glockenturm gehen. Dort kommt man auf Höhe des Türkenbrunnens, genauer gesagt zwischen chinesischem Pavillon und dem unteren Ausgang der Stallbastei, an einem direkt in die Mauer eingelassenen bequemen Sitz vorbei: dem Bischofsstuhl. Im kühlen Schatten der Bäume kann man seine Gedanken schweifen lassen und den Blick auf den Pavillon, den Brunnen und das Starcke Haus genießen. Dabei wird früher oder später wohl auch folgende Frage aufkommen: Wie kommt der Bischofsstuhl eigentlich zu seinem Namen? Oder schafft es der amtierende Bischof, dessen Sitz ja am Bischofsplatz liegt, tatsächlich so oft auf den Schloßberg, um hier zu sitzen? Wohl kaum.

Der Legende nach soll es sich so zugetragen haben, dass sich im Jahr 1790 ein Bischof nach seiner Gefangenschaft im Grazer Kerker direkt nach seiner Entlassung hier für eine kurze Rast niedergelassen hat – und dabei verstorben ist. Na ja, in Anbetracht dessen ist es vielleicht doch nicht so klug, sich hier niederzulassen und gemütlich zu picknicken. Aber das darf zum Glück jeder selbst entscheiden. Uns ist bis dato noch kein ähnliches Unglück passiert …

TIPP: Wenn man dem Weg weiter bergauf folgt, gelangt man hinter dem Glockenturm zu einer Ausgrabungsstätte, in der die Ruinen eines der ältesten Gebäude des Schloßbergs, der Thomaskapelle, zu besichtigen sind.

Adresse Schloßberg, auf Höhe des Türkenbrunnens, 8010 Graz // **ÖPNV** Schloßbergbahn oder Schloßberglift, Haltestelle Bergstation // **Öffnungszeiten** täglich rund um die Uhr // für jedes Alter

10_DIE BRÜNDLTEICHE

Schildkröten, Muscheln und Amphibien

Schildkröten in freier Natur beobachten, geht das in Graz? Auch wenn das wie ein Märchen klingt, ist es tatsächlich möglich. Wenn man mit dem Bus Nummer 33 bis zur Haltestelle Alt-Grottenhof fährt, von dort in Richtung Schloss St. Martin wandert und auf Höhe der Bründlgasse in den Wald einbiegt, dann kommt man an einen verwunschenen Ort: die Bründlteich-Biotope. Hier findet man unberührte Natur, die sich selbst überlassen ist und neben verschiedenen Pflanzenarten auch vielen Tieren eine Heimat bietet.

Von Fischen und Muscheln, die das kühle Nass bevorzugen, über Salamander, Kaulquappen und Frösche bis hin zu Schildkröten, die hier vor Jahren ein Zuhause gefunden haben, kann man am Biotop, wenn man Glück hat, alles vorfinden. Man muss sich allerdings etwas in Geduld üben und genau hinsehen. Auch Heuschrecken, Marienkäfer und andere Krabbeltiere fühlen sich hier wohl.

Die Wege um die Biotope eignen sich hervorragend für weitere Abenteuer. Egal, ob man im Wald Steckenhäuser baut oder auf Schatzsuche geht – langweilig wird es hier nicht so schnell. Hier und da stehen Infotafeln am Weg, die einem die heimische Pflanzen- und Tiervielfalt näherbringen. Auch ein altes Hügelgrab gibt es zu bewundern.

Noch ein kleiner Fakt zum Schluss: Die Teiche wurden ursprünglich als Fischteiche angelegt, später als Badeteiche genutzt und sind heute unter Naturschutz stehende Biotope mit vielfältiger Fauna und Flora.

TIPP: Von den Bründlteichen aus gibt es mehrere teils barrierefreie Wanderwege Richtung Schloss St. Martin oder hinauf zur Kronprinz-Rudolf-Warte.

Adresse Bründlgasse, 8054 Graz // **ÖPNV** Bus 33, Haltestelle Alt-Grottenhof, von dort 15 Minuten zu Fuß // **Öffnungszeiten** täglich rund um die Uhr, barrierefrei // für jedes Alter

11_DIE BÜCHERINSEL

Urlaub unter Bücherregalen

Bei der Bücherinsel LABUKA handelt es sich nicht um eine Insel im herkömmlichen Sinn, sondern um eine Veranstaltungsreihe der Stadtbibliothek Graz Mitte im Zanklhof zum Thema Lesen.

Lesen verbindet. Lesen bildet. Lesen macht kreativ. Getreu diesem Motto steht hier der spielerische Umgang mit Kinderbüchern im Vordergrund. Dabei ist es egal, ob man schon lesen kann oder nicht. Denn hier dreht sich alles um das Vorlesen und Entdecken. Passend zu diversen Geschichten wird gemeinsam gebastelt, gezeichnet und musiziert, um so die Inhalte der Bücher kreativ aufzuarbeiten. Bei der LABUKA-Spracheninsel werden Kindern Fremdsprachen nähergebracht, und auch für die Kleinsten werden Workshops zu spannenden Themen wie zum Beispiel dem Erlernen von Babyzeichensprache angeboten.

Die Veranstaltungen der LABUKA-Bücherinsel finden in der Stadtbibliothek Graz Mitte sowie an ausgewählten Nebenstandorten statt. Der Besuch der Bücherinsel ist kostenlos, und es gibt keine Altersbeschränkung. Auch Begleitpersonen sind herzlich willkommen. Lediglich anmelden muss man sich, das erledigt man am besten online.

Wer sich noch mehr für das Thema Lesen und Bücher interessiert, kann auch an einer der spannenden Bibliotheksführungen für Kinder im Alter zwischen vier und zehn Jahren teilnehmen, um tiefer in die Welt des geschriebenen Wortes einzutauchen.

TIPP: In der Nähe der Bibliothek Graz Mitte liegt das »Bad zur Sonne«, wo man dank verschiebbarem Dach das ganze Jahr über Freibad-Feeling genießen kann.

Adresse Kernstockgasse 2, 8020 Graz, www.stadtbibliothek.graz.at // **ÖPNV** Bus 67, Haltestelle Bad zur Sonne // **Öffnungszeiten** Veranstaltungen siehe Website // ab 1 Jahr

travelbook
UKRAINE
MEISTER DER TARNUNG

12_DIE BUSSISTIEGE

Bussi links, Bussi rechts

Man muss schon genau schauen, um am unscheinbaren Holztor im Innenhof der Grazer Burg nicht einfach vorbeizulaufen. Doch die Suche lohnt sich. Hat man es einmal gefunden, verbirgt sich dahinter ein wahres Juwel – die Doppelwendeltreppe, auch Bussistiege genannt.

Gleich vorneweg: Nein, man ist keiner optischen Täuschung erlegen und darf seinen Augen ruhig trauen. Es handelt sich hier nicht um ein Kunstwerk, sondern um eine echte Wendeltreppe. Eigentlich sogar um zwei Wendeltreppen, daher auch die Bezeichnung »Doppelwendeltreppe«. Genauer gesagt sind das zwei gegenläufige Stiegen, deren Wege sich in jedem Stockwerk kurz treffen, um sich dann wieder voneinander zu entfernen. Klingt kompliziert, ist es aber nicht. Man muss es nur einmal gesehen haben, dann erklärt sich das Prinzip von selbst.

Abwechselnd ein Bussi links, ein Bussi rechts, bis man ganz oben ist. Erst dann darf man sich auf den Mund küssen. So wird sich die Geschichte der Versöhnungsstiege, wie sie auch genannt wird, erzählt. Ob damals wirklich so viel gestritten wurde, dass eine solche Stiege erbaut werden musste, lässt sich heute leider nicht mehr nachprüfen. Dafür müsste man nämlich ins 16. Jahrhundert zurückreisen und den Erbauer fragen, und das ist bekanntlich nicht ganz so einfach. Man darf aber gern eine eigene Geschichte dazu erfinden. Oder warum nicht gleich ein Spiel wie zum Beispiel Bergsteigen? Der Phantasie sind hier keine Grenzen gesetzt.

TIPP: Nur wenige Schritte entfernt, im sogenannten zweiten Burghof, befindet sich eine Ahnengalerie mit Büsten berühmter steirischer Persönlichkeiten wie Peter Rosegger und Viktor Kaplan.

Adresse Burggasse 3, 8010 Graz // ÖPNV alle Straßenbahnen, Haltestelle Hauptplatz; Bus 30, Haltestelle Schauspielhaus // Öffnungszeiten täglich 7.30 – 20 Uhr; Eintritt frei // ab 2 Jahre

13_DIE CABRIOBUSFAHRT

Oben ohne durch Graz

Wenn man in den Sommermonaten durch Graz schlendert, sticht er einem sofort ins Auge, der Bus, der so aussieht, als hätte er sein Dach in der Garage vergessen. Tatsächlich ist ihm aber nicht das Dach abhandengekommen, sondern es handelt sich bei ihm um eine Sonderanfertigung, einen sogenannten Cabriobus.

Von Mai bis September treibt er in Graz sein Unwesen und chauffiert bis zu 40 wissbegierige Fahrgäste durch die Stadt. Vorbei an den wichtigsten Sehenswürdigkeiten Synagoge, Augarten, Stadthalle, Herz-Jesu-Kirche, Botanischer Garten, Oper, Murinsel und Schloßbergplatz. Mit im Gepäck: allerhand Hintergrundwissen zur Stadtgeschichte.

Eine Fahrt dauert eineinhalb Stunden und startet direkt vor dem Kunsthaus. Tickets erhält man beim Fahrer. Man kann sich die Tickets aber auch schon im Vorfeld telefonisch bei der Touristeninformation reservieren. Was noch gut zu wissen ist: Bei schlechtem Wetter finden die Touren im normalen Linienbus statt. Also am besten den Wetterbericht anschauen, ehe das für eine Enttäuschung sorgt.

Ein ganz besonderes und seltenes Highlight sind übrigens die nächtlichen Vollmondfahrten. Dank der Uhrzeit wohl eher etwas für ältere Kinder, denn den jüngeren kann es schon mal passieren, dass sie bei den leisen Motorengeräuschen ins Land der Träume wegdriften. Wobei – das kann doch auch ganz angenehm sein. Zumindest für Mama und Papa, oder?

Adresse Lendkai 1, 8020 Graz // ÖPNV Straßenbahn 1, 4, 6, 7, Haltestelle Südtiroler Platz // Öffnungszeiten Mai–Sept. Fr, Sa, So und Feiertage 11 Uhr, Sa auch 13 Uhr; Ticketreservierung unter Tel. 0316/8874224 // ab 3 Jahre

TIPP: Sollte man auf den Geschmack von Rundfahrten durch Graz gekommen sein, kann man auch eine Fahrt mit dem Elektroshuttle unternehmen, der am Kaiser-Franz-Josef-Kai 12 startet.

14_DAS CoSA

Forschungsabenteuer in Augmented Reality

Ein Museumsbesuch ist nicht jedermanns Sache. Für manche ist er einfach langweilig. Andere wiederum kommen nicht damit zurecht, dass man dabei zum einen ruhig sein muss und zum anderen nichts angreifen darf. Eigentlich ganz schön blöd, lernt man doch meist beim Anfassen und Ausprobieren so richtig viel.

Genau das haben sich die Kuratoren des Naturkundemuseums auch gedacht und das Center of Science Activities (CoSA) gegründet. Dort ist alles erlaubt. Ganz nach dem Motto »Anfassen erwünscht statt Berühren verboten« kann man hier in 13 verschiedenen Räumen auf Forschungsreise gehen, Abenteuer erleben oder die Welt zu verbessern versuchen. Und das teilweise unterstützt durch Augmented Reality.

Primär geht es darum, technische und naturwissenschaftliche Zusammenhänge spielerisch zu verstehen. Die Themenbereiche sind vielfältig. Im Technik Space kann man zum Beispiel ein Fahrzeug entwickeln. Und zwar von Anfang an, beginnend mit den Einzelteilen. Fehler machen ist ausdrücklich erwünscht, denn nur so lernt man auch etwas. Man kann in die Rolle eines Arztes schlüpfen oder wer sich mehr für das Klima interessiert, kann mit dem arktischen Forschungsschiff Aurora Borealis auf Entdeckungsreise gehen und dabei Daten sammeln, um mehr über die Ursachen des Klimawandels zu erfahren. Vielleicht entwickelt man ja daraufhin im Energie Space die Lösung für eine klimaneutrale Zukunft?

TIPP: Im Joanneumsviertel vor den Toren des CoSA gibt es an den Wänden diverse Kunstinstallationen, beispielsweise den Prismenwender, zu entdecken. Man muss seinen Blick nur nach oben richten.

Adresse Joanneumsviertel, 8010 Graz // ÖPNV alle Straßenbahnen, Haltestelle Hauptplatz // Öffnungszeiten Di–So, Feiertage 10–18 Uhr // ab 12 Jahre

15_DER DANKBARKEITSBAUM

Mit Fokus auf die schönen Dinge im Leben

Wenn man an die wuselnden Menschenmassen denkt, die an sonnigen Tagen die Fußgängerzone in der Herrengasse bevölkern, mag man kaum glauben, dass sich mittendrin eine einzigartige Oase der Stille befindet.

Kaum hat man den Brunnenhof betreten, ist man in einer anderen Welt. Der Hof gleicht einem Gesamtkunstwerk. Der erste Blick wandert meist zum Brunnen, der sowohl zum Trinken als auch zum Pritscheln einlädt. Beim zweiten Hinschauen entdeckt man den schattenspendenden Baum, der nicht minder präsent im Hof steht. Bei noch genauerer Betrachtung fällt auf: Das ist kein gewöhnlicher Baum. An den Ästen hängen nämlich viele bunte Kärtchen mit kleinen Botschaften.

Es sind Botschaften der Dankbarkeit. Das Projekt, das in der Coronazeit ins Leben gerufen wurde, soll den Fokus wieder auf die wesentlichen Dinge des Lebens lenken. Hier darf man seine Dankbarkeit gegenüber großen Ereignissen oder Kleinigkeiten des Alltags zum Ausdruck bringen. Mit Kindern macht es Spaß, die kleinen Kärtchen zu lesen, innezuhalten, über das eigene Leben nachzudenken und selbst ein Kärtchen zu gestalten, um es zu den anderen zu hängen.

Interessant ist, dass es sich beim Brunnenplatz um den ehemaligen Mittelpunkt des jüdischen Viertels handelt, aus diesem Grund sind die beschrifteten Bodenplatten genau wie alle Synagogen auf der Welt gen Osten ausgerichtet. Wenn man hier auf den Boden sieht, dann erkennt man einzelne Wellenformen und Buchstaben, die, wenn man ihnen folgt, einen Segensspruch ergeben.

TIPP: Schreitet man durch das gegenüberliegende Tor des Innenhofs, findet man sich in einer der ruhigsten Gegenden der Grazer Innenstadt wieder.

Adresse Herrengasse 23, 8010 Graz // **ÖPNV** alle Busse und Straßenbahnen, Haltestelle Jakominiplatz // **Öffnungszeiten** täglich rund um die Uhr // ab 5 Jahre

16_DER EIS-GREISSLER

Von Ziegenkäseeis und essbaren Pferdeäpfeln

Sommer, Sonne, Sonnenschein – da dürfen eine oder zwei Kugeln Eis natürlich nicht fehlen. Eisdielen gibt es in Graz viele. Die mit der spannendsten Auswahl ist aber mit Sicherheit der Eis-Greissler in der Sporgasse. Die Schlange vor dem Lokal darf dabei nicht abschrecken. Wenn man einmal mittendrin steht, geht es nämlich erstaunlich schnell, und ehe man sich versieht, ist man auch schon an der Reihe mit dem Aussuchen.

Und das ist gar nicht so einfach. Hier gibt es neben den Klassikern wie Schokolade, Erdbeere und Vanille auch Rhabarbereis, Butterkekseis und Ziegenkäseeis. So viel gleich vorneweg: Das Eis ist süß und schmeckt eigentlich gar nicht nach Ziege, was man vielleicht erwarten würde.

An manchen Tagen gibt es noch etwas Besonderes im Sortiment: Pferdeäpfel. Ja, richtig gelesen. Die braunen Äpfel liegen einfach so neben den anderen Eissorten in der Vitrine. Aber keine Sorge: Auch hier handelt es sich um Eis. Um Schokoladeneis, um genau zu sein, gewälzt in einer Schicht von Nüssen. Köstlich, erfordert aber mit dem Hintergedanken an Pferdemist dennoch ein bisschen Mut und Überwindung, es zu probieren.

TIPP: Für ein bisschen Urlaubsgefühl empfiehlt es sich, das Eis direkt am Wasser beziehungsweise am Brunnen des Karmeliterplatzes zu genießen. Dort kann man bequem die Füße ins Wasser halten.

Wer sich gern durchs Sortiment kosten möchte, dem sei eine Mischkugel sehr empfohlen. Das ist eine Kugel, bestehend aus zwei Sorten. Die ist zwar etwas teurer als eine normale Kugel, eignet sich aber perfekt, um Kindern diese eine als zwei Kugeln zu verkaufen, wenn ihr versteht, was ich meine.

Adresse Sporgasse 10, 8010 Graz // **ÖPNV** alle Straßenbahnen, Haltestelle Hauptplatz // **Öffnungszeiten** täglich 11 – 19 Uhr // ab 2 Jahre

17_DER ERLEBNISSPIELPLATZ

Auf dem Holzweg unterwegs

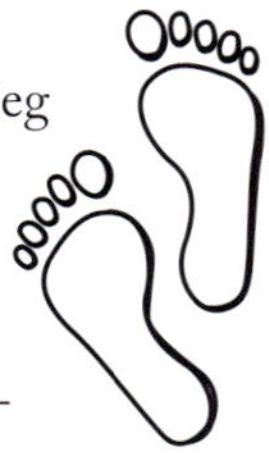

Nach dem teilweise doch recht anstrengenden Aufstieg durch den schönen Buchenwald sieht man die Belohnung schon zwischen den Bäumen hervorblitzen: den Abenteuerspielplatz am Rosenhain.

Auch wenn der Spielplatz auf den ersten Blick wie jeder andere wirkt, sollte man ihm auf jeden Fall einen zweiten Blick schenken. Denn dann erkennt man, dass sich hier alles um ein Thema dreht: Holz. Mehrere Stationen und Infotafeln laden dazu ein, sich Gedanken über die wertvolle Ressource zu machen. Auf dem Barfußweg kann man sich mit unterschiedlichen Naturmaterialien wie Stein, Holz, Rindenmulch und Co. auseinandersetzen und spüren, wie diese sich unter den Zehen anfühlen.

Wer keine Lust auf Informationen hat, kann die vielen verschiedenen Spielgeräte auch einfach so nutzen, nach Herzenslust toben, klettern und Kind sein. Außerdem ist der Spielplatz eingezäunt, was es den Begleitpersonen einfacher macht, beim Tratschen den Überblick zu bewahren.

Wem der Spielplatz zu langweilig wird, der kann weiter in den Wald spazieren, denn der Wald am Rosenhain bietet sich für größere Entdeckungstouren sehr gut an. Hier gibt es neben unzähligen Geheimwegen tolle Kletterbäume. Manchmal zeigt sich eines der vielen Eichhörnchen, die hier heimisch sind. Dafür braucht man aber entweder ein bisschen Glück oder viel Geduld.

TIPP: Ein paar Meter unterhalb des Spielplatzes, im Wald versteckt, gibt es mehrere Teiche, in denen Enten ihr Zuhause gefunden haben. Über Besuch freuen sie sich immer, vor allem wenn man Brotreste mitbringt.

Adresse Rosenhain, 8010 Graz // **ÖPNV** Bus 58, Haltestelle Panoramagasse, von dort zu Fuß die Panoramagasse bergaufwärts gehen // **Öffnungszeiten** täglich rund um die Uhr // für jedes Alter

18_DER EWIGE SCHNEEMANN

Es war einmal ein Männlein ganz still und stumm

Der Innenhof des Priesterseminars ist nicht unbedingt ein Ort, an den es einen beim Spazierengehen automatisch verschlägt, lenken doch vor allem der Grazer Dom und das Mausoleum die Blicke auf sich. Allerdings sollte man dem unscheinbaren Torbogen gegenüber unbedingt eine Chance geben. Hat man sich erst einmal durch das Tor gewagt, findet man sich im größten Innenhof von Graz wieder. Der Hof selbst ist abgesehen von seiner Größe nicht unbedingt spektakulär, dafür zieht etwas ganz anderes vor allem Kinder in seinen Bann: Links in der Ecke steht ein Schneemann.

Und der steht nicht nur den Winter über hier, sondern auch im Frühling. Und im Sommer. Und im Herbst. Er trotzt den Jahreszeiten und lässt sich nicht unterkriegen. Zugegeben, aus Schnee ist er nicht, dafür aber aus Marmor. Und er sieht täuschend echt aus. So echt, dass man nicht widerstehen kann und ihm einfach sanft den Hals tätscheln muss.

Eigentlich ist der ewige Schneemann ein Brunnen, ein Kunstwerk von Manfred Erjautz, der mit ihm ein Symbol der Vergänglichkeit geschaffen hat, blickt er doch traurig auf eine Wasserpfütze vor ihm. Wenn man genau hinsieht, kann man in der Wasserpfütze die Spiegelung der Turmuhr erkennen, die ebenso vor Augen führen soll, wie knapp unsere Zeit ist.

Kindern ist dieser philosophische Ansatz zum Glück noch recht egal. Die haben einfach Spaß daran, den Schneemann zu ärgern, durch die Pfütze zu laufen oder auf ihn hinaufzuklettern. Und das ist auch gut so.

Adresse Bürgergasse 2, 8010 Graz // **ÖPNV** Bus 30, Haltestelle Schauspielhaus oder Palais Trauttmansdorff/Urania // **Öffnungszeiten** täglich rund um die Uhr // für jedes Alter

TIPP: Ein paar Meter bergauf befindet sich der Grazer Dom, an dessen Fassade man eine Darstellung jener Landplagen findet, die Graz vor langer, langer Zeit einmal heimgesucht haben.

19_DER FAHRRAD-ÜBUNGSPLATZ

Radeln, wo andere studieren

Ein Fahrradausflug, der ist lustig, ein Fahrradausflug, der ist schön – aber was tun, wenn man noch nicht ganz so fest im Sattel sitzt? Einfach zur TU in die Inffeldgasse, die nach dem österreichischen Architekten Adolf von Inffeld benannt ist, fahren! Denn hier ist, vor allem am Wochenende, kein Verkehr und auch sonst nicht viel los.

Heißt also, man kann sich austoben und sowohl die Straßen als auch die Parkplätze und Gehwege befahren. Und wenn man ganz mutig ist, kann man einen Abstecher offroad wagen. Doch das ist längst nicht alles. Am Gelände der TU gibt es Rampen, um das Bergauf- und Bergabfahren zu üben, Bänke, zwischen denen man sein Kurvenverhalten verfeinern kann, und kleine Stufen, auf denen man den Gleichgewichtssinn trainiert.

Zudem ist es hier möglich, ein bisschen Sightseeing zu betreiben und einige Kunstinstallationen der Initiative »Kunst im öffentlichen Raum« zu bewundern, wie etwa die riesige Satellitenschüssel, die am oberen Ende der Inffeldgasse hängt. Ob man damit zu Außerirdischen Kontakt aufnehmen kann, ist nicht eindeutig geklärt. Am besten, man probiert es einfach. Am unteren Ende der Inffeldgasse befindet sich das Nikola Tesla Hochspannungslabor, das von außen toll aussieht und in dem Experimente im Kilovolt-Bereich durchgeführt werden. Sollte das Fahrradfahren langweilig werden, gibt's kurz vor dem Tesla-Gebäude ein paar tolle Steine zum Rumklettern und eine tolle Wiese zum Ausrasten.

TIPP: Am unteren Ende der Inffeldgasse findet sich eine kleine Gärtnerei mit riesigen Gewächshäusern, deren Tore tagsüber immer offen stehen.

Adresse Inffeldgasse, 8010 Graz // **ÖPNV** Straßenbahn 6, Haltestelle Schulzentrum St. Peter // **Öffnungszeiten** täglich rund um die Uhr, Besuch am Abend oder am Wochenende empfohlen // ab 2 Jahre

20_DER FAUN VOM LANDHAUSHOF

Es ist nicht alles Gold, was glänzt

Vor allem im Winter kommen jede Menge Touristen in den Landhaushof, aber kaum jemand nimmt ihn wahr, sind doch alle geblendet vom Glanz der Grazer Eiskrippe. Völlig zu Recht, aber ein bisschen Aufmerksamkeit hätte er schon verdient, der Faun mit dem Weitblick.

Oh

Man findet ihn ein klein wenig abseits vom Trubel, direkt vor der Stiege, die in den ersten Stock hinaufführt, wo er einfach so dasitzt und gedankenverloren in die Ferne blickt. Was ihn hierher verschlagen hat – ob er nur eine Pause vom oft so stressigen Alltag nimmt oder auf Gesellschaft wartet –, ist nicht bekannt. Am besten, man fragt ihn.

Ah

Was auch immer der Grund sein mag, Fakt ist: Die Bronzeskulptur von Martin Karlik freut sich immer über die Anwesenheit von Kindern. Sie steht ihnen als Fotomotiv zur Verfügung und lässt das ein oder andere Kind sogar auf sich herumkraxeln.

Falls die Frage aufkommt, was ein Faun eigentlich ist, hier die Antwort: Ein Faun wird meist als Mischwesen aus Mensch und Ziegenbock dargestellt, ist ein Fabelwesen aus der griechisch-römischen Mythologie und symbolisiert den Gott der Natur beziehungsweise des Waldes und damit den Beschützer der Bauern und Hirten. Bleibt nur noch zu klären, ob er sich in den Landhaushof verlaufen hat, denn Bäume oder Ziegenherden gibt es hier keine …

TIPP: Im Landhaushof gibt es ein weiteres tolles Fotomotiv: den Steirischen Panther, Wahrzeichen der Steiermark, aufgemalt auf ein Tor. Um ihn zu entdecken, muss man sich beim Faun nur einmal nach links drehen.

Adresse Herrengasse 16, 8010 Graz // **ÖPNV** alle Straßenbahnen, Haltestelle Hauptplatz // **Öffnungszeiten** täglich rund um die Uhr // ab 3 Jahre

21_DAS FLUGZEUG AUF DEM DACH

Welcome on board of this Boeing B-727

Wenn man vom Kalvarienberg aus in Richtung Gösting schaut, staunt man nicht schlecht. Es scheint, als hätten zwei Flugzeuge den Weg zum Flughafen nicht gefunden und dort mitten zwischen den Häusern spontan zur Landung angesetzt. Macht man sich zu Fuß auf den Weg zu diesen Fliegern und richtet seinen Blick dabei nach oben, wird man sich in dieser Theorie bald bestätigt fühlen. Auf dem Dach des NOVAPARK Hotels sind tatsächlich zwei Flugzeuge gelandet. Bei dem größeren handelt es sich um eine Boeing 727 und bei dem kleineren um eine IL-62M, die ehemalige Präsidentenmaschine der Tschechoslowakei. Aber kein Grund zur Sorge – sie haben nicht wirklich das Dach mit dem Flughafen verwechselt, sondern sind mit Absicht dorthin transportiert worden. Es handelt sich bei ihnen nämlich um eine Bar und ein Restaurant in luftigen 22 Metern Höhe. Stilecht und mit Original-Flugzeugeinrichtung. Ganz schön spektakulär!

Noch spektakulärer war nur der Transport der beiden Flugzeugrümpfe, die in einer Nacht-und-Nebel-Aktion in Millimeterarbeit durch Graz geschleppt wurden. Dafür mussten sogar einige Ampeln und Verkehrsschilder vorübergehend abgebaut werden.

Auf dem Dach angelangt, wurden dann die Teile wieder zu ganzen Flugzeugen zusammengebaut. Übrigens befindet sich im Hotel auch das Flugsimulationszentrum, wo man ab einem Alter von neun Jahren in einem echten Cockpit selbst ein Flugzeug steuern darf!

TIPP: 20 Gehminuten entfernt kann man vor den Toren des Shopping Nord eine alte Dampflokomotive bestaunen, die an die hier einst verkehrende Schleppbahn – auch Güterbahn genannt – erinnern soll.

Adresse Fischeraustraße 22, 8051 Graz // **ÖPNV** Bus 67, Haltestelle Fischeraustraße // **Öffnungszeiten** siehe www.novapark.at/flieger-restaurant-flieger-bar // ab 2 Jahre

22_DER FRANKOWITSCH

Die buntesten Brötchen der Stadt

Überall in der Stadt kann man Leute beobachten, die mit bunten Frankowitsch-Kartons durch die Gegend spazieren. Voller Vorfreude auf den Inhalt: Brötchen, die sie in naher Zukunft allein oder in Gesellschaft verspeisen werden.

Doch nicht nur das Verspeisen der Brötchen ist ein Genuss, sondern bereits der Einkauf. Denn Frankowitsch in der Stempfergasse gibt es seit fast 90 Jahren, und beim Betreten dieser altehrwürdigen Institution lacht einem die bunte Brötchenvielfalt schon aus der Vitrine entgegen. Man fühlt sich, als würde man in eine andere Welt eintauchen. Ganz so, als wäre die Zeit stehen geblieben.

Curry, Lachs, Serbisch – die Brötchen sind über die Stadtgrenzen hinaus bekannt. Was auch dazu führt, dass man selten allein im Geschäft ist. Der Frankowitsch ist ein beliebter Treffpunkt für Alt und Jung. Die Auswahl ist riesig – es gibt mehr als 40 Sorten. Da fällt die Entscheidung nicht immer leicht. Dennoch braucht man sich keine Sorgen über lange Wartezeiten zu machen. Das Personal ist fix, und die anderen Gäste sind meist verständnisvoll, geht es ihnen doch ähnlich.

Auch die Süßtiger kommen im Delikatessengeschäft voll auf ihre Kosten, denn der Frankowitsch ist für seine köstlichen Petits Fours und Törtchen sowie im Fasching für seine leckeren Mini-Krapfen bekannt.

Adresse Stempfergasse 2, 8010 Graz // ÖPNV alle Straßenbahnen, Haltestelle Hauptplatz oder Jakominiplatz // Öffnungszeiten Mo–Fr 9–19 Uhr, Sa 9–18 Uhr, siehe www.frankowitsch.at // für jedes Alter

TIPP: Gleich in der Nähe des Frankowitsch liegt der Glockenspielplatz. Hier sind die schönsten Altbauten von Graz zu finden.

Trzesniewski
CAMPARI

23_DER FÜRSTENSTAND

Dort, wo einst der Fürst stand …

Man darf sich nicht abschrecken lassen, denn die ersten paar Meter sind sehr steil. Doch sind diese Strapazen einmal überwunden, geht's hinauf auf den 754 Meter hohen Plabutsch beziehungsweise den Fürstenstand – einen der insgesamt sieben Summits von Graz.

Durch schattige Wälder, vorbei an teilweise wilder Natur, führt der Wanderweg, der am Fürstenstandweg in Gösting beginnt. Eine gute Stunde muss man dafür schon einplanen, in Begleitung von kleineren Kindern vielleicht etwas mehr. Oben angekommen, hat man eine tolle Aussicht sowohl auf Graz als auch auf Thal, die Heimatgemeinde von Arnold Schwarzenegger. Von hier bietet sich auch die Möglichkeit, zum Thalersee abzusteigen und quasi eine Bergüberschreitung zu machen. Dort fährt dann der Bus 48 wieder zurück nach Gösting.

So weit, so gut. Bleibt nur noch zu klären, wie der Fürstenstand zu seinem Namen kam. Im Jahr 1830 bestieg Kaiser Franz von Österreich mit seiner Frau Caroline und seinem Bruder, dem Erzherzog, den Plabutsch. Zu Ehren dieser Besteigung wurde erst ein Gedenkstein und später die Aussichtswarte errichtet, die den Namen Fürstenstand trägt.

Die Aussichtswarte ist zurzeit nicht begehbar, soll aber in den nächsten Jahren wieder instand gesetzt werden. Doch den wunderbaren Ausblick kann man so oder so genießen. Einen kleinen Spielplatz gibt es auch, genauso wie ein Wildgehege zum Beobachten von Rehen und Co.

Adresse Fürstenstandweg 100, 8052 Graz // ÖPNV Bus 40, Haltestelle Schloßplatz (Endstation), von dort in die Göstinger Straße, dann links in den Fürstenstandweg einbiegen, Wanderweg gut beschildert // ab 4 Jahre

TIPP: Wer die Herausforderung liebt, kann versuchen, die sieben Gipfel von Graz an nur einem einzigen Tag zu besteigen. Schwierig, aber definitiv machbar.

24_DIE GARTENBAHN

Eine Reise, die ist lustig …

Eine Miniatur-Eisenbahn im eigenen Garten – davon träumt wohl so manches Kinder- und Erwachsenenherz. Genau diesen Traum haben sich die Mitglieder des Dampfbahnclubs Graz (DBC) erfüllt.

Auf einer Strecke von eineinhalb Kilometern liegt im westlichen Teil des Parks des Landeskrankenhaus-Universitätsklinikums (LKH) Süd-West eine Bahnschleife. Stilecht mit fachmännisch verlegten Schienen und Fahrzeugen in den Maßstäben 1:16 bis 1:4. Die Strecke beginnt am Bahnhof mit dem wohl kleinsten Bahnhofsgebäude Österreichs. Nachdem die Dampflokomotiven mit Wasser versorgt wurden, kann es losgehen. Vorbei an 18 Lichtsignalen und diversen, teilweise von Hand zu stellenden Weichen verläuft die Reise durch den Park. Die meisten Züge sind sogar für den Personenverkehr zugelassen, was das kleine Eisenbahnerherz auf jeden Fall ein bisschen höherschlagen lässt.

TIPP: Ganz in der Nähe, in der Kärntnerstraße, befindet sich ein Harley-Davidson-Geschäft mit vielen interessanten Motorrädern.

Besichtigen kann man die Modelleisenbahn an den sogenannten Publikumsfahrtagen, meist Samstagen, die eher einem Volksfest gleichen. Bei Würstel, Eis und kalten Getränken kann man sich die einzelnen Modelle erklären lassen und gern eine Fahrt wagen. Die genauen Termine findet man auf der Homepage des DBC.

Wer einfach so herkommen möchte, kann das natürlich auch tun. Der Park steht das ganze Jahr über der Allgemeinheit offen und verfügt über einen kleinen Spielplatz. Und wer weiß, vielleicht hat man ja das Glück und sieht eine der Loks außerhalb der eigentlichen Fahrtage eine Runde drehen.

Adresse Wagner-Jauregg-Straße 133, 8053 Graz, www.dbc-graz.at // **ÖPNV** Bus 32, Haltestelle Wagner-Jauregg-Straße // **Öffnungszeiten** Infos zu Publikumsfahrtagen (immer samstags) siehe Homepage // ab 3 Jahre

25_DAS GARTENLABYRINTH

Auf Irrwegen unterwegs

Wer sich in den Dr.-Schlossar-Park im Bezirk Gries begibt, der den meisten Grazern völlig unbekannt sein dürfte, braucht vermutlich etwas Zeit, bis er wieder nach Hause gehen kann, wartet hier doch ein großes Abenteuer. Oder besser gesagt: ein Labyrinth. Es besteht aus 1.900 Buchsbäumen und wurde vom Künstler Hartmut Skerbisch gestaltet, mit der Intention, eine Verbindung zwischen Mensch, Welt und Bewegung zu schaffen. Den Mittelpunkt des Labyrinths bildet eine Blume aus Metall, aus deren Blütenblättern die Linien des Irrgartens entspringen. Diese sind in Form von Wegen und Rändern begehbar, behüpfbar und bespielbar.

Allerdings darf man nicht allzu enttäuscht sein, wenn man die Bäume noch recht niedrig vorfindet. Sie wurden nämlich im Jahr 2019 neu gepflanzt und brauchen noch etwas Zeit, um zu wachsen. Was wiederum völlig neue Möglichkeiten eröffnet, denn auch wenn man sich hier nicht so richtig gut verstecken kann, eignet sich das Gartenlabyrinth doch für viele andere Spiele wie Abfangen, Hochspringen, Pferdchenspringen und Co. Der Phantasie sind hier keine Grenzen gesetzt.

Wer vom Laufen noch nicht ausgepowert genug ist, der findet auf der anderen Seite des Parks einen kleinen, aber feinen Spielplatz mit Klettergerüst, Sandkiste, WC-Anlage und einem Wasserpritschel-Areal, auf dem die restliche Energie verbraucht werden kann.

TIPP: Ein anderes Labyrinth kann man am Kinderspielplatz im Stadtpark finden. Dieses besteht ebenso aus lebenden Pflanzen, ist schon viel höher gewachsen und eignet sich daher prima zum Verstecken.

Adresse Auf der Tändelwiese/ Dr.-Hans-Spitzy-Platzl, 8020 Graz // ÖPNV Straßenbahn 5, Haltestelle Puchstraße // Öffnungszeiten täglich rund um die Uhr // für jedes Alter

26_DER GEHEIME WEG

Nahe am Wasser gebaut

Wer schon oft auf dem Schloßberg unterwegs war, kennt mit Sicherheit die vielen geheimen Wege und Trampelpfade, die immer an ein und dasselbe Ziel führen: in die Stadt.

Aber wer wusste, dass es auch an den beiden Murufern mehrere versteckte Wege gibt, die kaum jemand kennt? Einer davon beginnt am Kaiser-Franz-Josef-Kai, kurz vor oder nach der Murinsel, je nachdem, von welcher Seite man auf die Mur blickt. Wenn man dem Weg von hier ein paar Meter stromaufwärts folgt, gelangt man bald an dessen Ende. Leicht erkennbar an den Bänken, die hier stehen, sowie der Stiege, die nach oben auf den Kai führt. Wenn man genau schaut, dann sieht man, dass der Weg gar nicht wirklich hier endet, sondern dass ein schmaler Trampelpfad weiterführt.

Geht man weiter durch das Dickicht, kommt man immer wieder an tolle Plätzchen und kleine Buchten an der Mur. Hier kann man sitzen, Steine ins Wasser werfen oder die Seele baumeln lassen. Folgt man dem Weg weiter, erreicht man irgendwann die Fahrradunterführung, die von unten ganz interessant anzuschauen ist. Aber Achtung: Nicht gleich in Panik ausbrechen, wenn ein Fahrrad drüberdonnert, das ist nämlich ganz schön laut. Der Weg endet dann nach der Keplerbrücke und mündet dort wieder in den normalen Geh- und Radweg.

Noch ein kleiner Hinweis zum Schluss: Der Weg empfiehlt sich nur bei Tageslicht, auch wenn es hier bei Mondschein ganz romantisch sein mag. Das Gelände ist unwegsam, man muss daher gut schauen, wo man hinsteigt.

Adresse zwischen Murinsel und Keplerbrücke auf Höhe des Kaiser-Franz-Josef-Kais, 8010 Graz // ÖPNV Straßenbahn 3, 5, Haltestelle Murinsel/Graz Museum oder Keplerbrücke // Öffnungszeiten täglich rund um die Uhr // ab 5 Jahre

TIPP: Wer dem Geh- und Radweg weiter flussaufwärts folgt, kommt nach circa einem Kilometer zu einem kleinen Spielplatz mit Sandkiste, mehreren Wippen und einem Karussell.

27_DAS GEISTERHAUS

Die Faszination von längst Vergangenem erleben

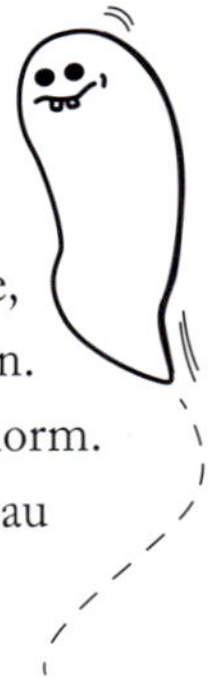

Wer schon einmal durch den schönen Buchenwald auf den Rosenhain hinaufspaziert ist, der ist mit Sicherheit am Geisterhaus vorbeigekommen. Wer noch nie die Gelegenheit hatte, für den ist es allerhöchste Zeit, ihm einen Besuch abzustatten. Denn die Anziehungskraft, die von dem Haus ausgeht, ist enorm.

Wobei: »Haus« ist untertrieben. Bei dem monumentalen Bau handelt es sich um ein ehemaliges Erholungsheim für Ordensmitglieder der Jesuiten, erbaut im 17. Jahrhundert. Ursprünglich gehörte nämlich der gesamte Rosenhain dem Orden, der diesen landwirtschaftlich nutzte. Teiche und Weingärten wurden angelegt, ein Herrenhaus wurde gebaut und das Sommerrefektorium. Im Jahr 1928 wurde das Areal dann an die Stadt Graz verkauft, die sich dazu verpflichtete, einen Großteil davon als Park- und Erholungsfläche zu erhalten. Das Geisterhaus, welches zuletzt als Lager für Bühnenrequisiten genutzt wurde, brannte in den 80er Jahren nach einem Blitzschlag bis auf die Grundmauern nieder.

Man kann das Haus betreten, was allerdings nur in Begleitung eines Erwachsenen empfohlen wird. Hinter dem Haus sind Stufen im Wald erkennbar, die auf ein Plateau führen. Ob dieses einmal ein Kräuter- oder Blumengarten war, ist leider nicht überliefert und bleibt wohl der eigenen Phantasie überlassen.

Im Jahr 2020 wurde das Gebäude übrigens der Universität Graz übergeben, die es revitalisieren möchte. Konkrete Pläne gibt es aber noch keine, und wie es aussieht, bleibt das Haus noch länger ein Geisterhaus.

TIPP: Wenn man sich hinter dem Geisterhaus noch tiefer in den Wald wagt, gelangt man zu mehreren naturbelassenen Teichen, an denen man hervorragend Tiere wie Enten und Frösche beobachten kann.

Adresse Max-Mell-Allee, 8010 Graz // **ÖPNV** Bus 58, Haltestelle Liebiggasse // **Öffnungszeiten** täglich rund um die Uhr // ab 5 Jahre

28_DER GHOSTWALK

Zu Fuß durch die schaurige Vergangenheit der Stadt

Spazieren in Graz – das kennt mit Sicherheit jeder. Vor allem die langweiligen Sonntagnachmittagsspaziergänge, bei denen vor allem Omas und Mamas die schöne Natur in den zahlreichen Parks der Stadt bewundern. Spazieren in Graz geht aber auch anders: gruselig anders. Dazu muss man am Ghostwalk teilnehmen.

Der Ghostwalk ist ein nächtlicher Spaziergang durch die Stadt, geführt von einem Nachtwächter, gehüllt in Umhang und Hut, hinter dem sich der Schauspieler Josef E. Tschida verbirgt. Dieser entführt die Teilnehmer an verschiedene mittelalterliche Schauplätze und weiß zu jedem dieser Orte die passende schaurige Geschichte von Mördern, Kannibalen oder anderen Kreaturen.

Vorsicht: Die Tour ist nichts für schwache Nerven. Der ein oder andere Schreckmoment ist garantiert, wenn sich Tschida unbemerkt von hinten anschleicht und plötzlich seine Stimme erhebt. Sollte es zu gruselig werden, kann man sich ja immer noch an dem Gedanken festhalten, dass die meisten der Geschichten bloß der Phantasie entstammen. Sie sollen aber dennoch verdeutlichen, wie das Leben in Graz im Mittelalter ausgesehen haben könnte.

TIPP: Es gibt auch tagsüber geführte Stadtrundgänge, die an unbekannte Orte wie zum Beispiel in die zahlreichen Innenhöfe von Graz führen (Infos unter www.graztourismus.at).

Ein Spaziergang dauert circa eineinhalb Stunden und findet freitags und samstags ab 20 Uhr bei jeder Wetterlage statt. Es empfiehlt sich deshalb, vorher den Wetterbericht zu konsultieren, um passend ausgerüstet zu sein. Treffpunkt ist vor der Franziskanerkirche.

Adresse Neutorgasse 5, 8010 Graz // **ÖPNV** Straßenbahn 1, 4, 6, 7, Haltestelle Südtiroler Platz // **Öffnungszeiten** Fr, Sa 20 Uhr, keine Anmeldung nötig // ab 10 Jahre

29_ DAS GLOCKENSPIEL

Brüderchen, komm tanz mit mir!

Wer schon einmal ein paar Minuten vor elf Uhr über den Glockenspielplatz spaziert ist, dem sind sie bestimmt aufgefallen, die vielen Menschengrüppchen, vorwiegend Touristen aus dem Ausland, die hier wie gebannt auf das Dach eines Hauses starren und warten. Wer sich spontan dazu hinreißen lässt, mit ihnen zu warten, wird bestimmt nicht enttäuscht.

Denn auf die Sekunde genau um Punkt elf Uhr schwingen die Türen auf, die man zuvor gar nicht als solche wahrgenommen hat, und heraus kommt ein tanzwütiges Pärchen in zünftiger Tracht, das zur Melodie von 24 Glocken das Tanzbein schwingt. Und das tagaus, tagein, seit mehr als 100 Jahren.

Das Paar ist natürlich nicht echt, sondern aus Holz. Die Idee dazu stammte vom Schnapsproduzenten Gottfried Maurer, der sie von einer seiner Reisen durch Norddeutschland mit nach Graz gebracht hatte. Nur während und nach dem Zweiten Weltkrieg blieben die Glocken über eine längere Periode stumm. Damals gab es nichts zu feiern, außerdem wurde das Material der Glocken dringend für die Waffenproduktion benötigt.

Nach acht Minuten ist das Spektakel vorbei. Ehe sich die Türen wieder schließen, hebt der goldene Hahn zum Abschied seine Flügel. Ein tolles Schauspiel, dem man selbst als Grazer nicht überdrüssig wird, wechseln die Melodien des Glockenspiels doch mehrmals im Jahr. Und alle, die das Spektakel um elf Uhr verpasst haben, haben um 15 und um 18 Uhr noch einmal die Chance, dem schönen Paar beim Tanzen beizuwohnen.

Adresse Glockenspielplatz 4, 8010 Graz // ÖPNV alle Straßenbahnen, Haltestelle Hauptplatz oder Jakominiplatz // Öffnungszeiten täglich 11, 15 und 18 Uhr // für jedes Alter

TIPP: Fünf Gehminuten entfernt, an der Ecke Burggasse/Einspinnergasse, befindet sich das Zaha-Hadid-Haus.

30_DIE GRAFFITISTRASSE

Kunst braucht kein Museum

Der Duft von Baklava hier, Falafelgeruch dort – auch wenn sich der Griesplatz nicht unbedingt des besten Rufes erfreut, hat das Viertel etwas Besonderes und einen ganz eigenen Charme. Ein bisschen was von Urlaub.

Hat man es geschafft, den tollen Gerüchen zu widerstehen, sollte man auf jeden Fall einmal in eine der Seitengassen hineinschnuppern. Denn auch wenn man nicht wirklich in der Ferne weilt, bringen einen diese Straßen doch ein Stück weit weg vom Alltag hinein in eine andere Welt. In eine bunte Welt, nämlich in die der Farben und Bilder, in die Welt der Graffitis.

Pandas, Außerirdische, kunstvoll gestaltete Botschaften oder einfach nur abstrakte Formen – vor allem in der Reichengasse/Ecke Bürgerspitalgasse gibt es viele tolle Fotomotive. Und jede Menge Stoff zum Nachdenken. Hier zieren nämlich diverse Werke bekannter und weniger bekannter Grazer Graffitikünstler die Wände. Wenn man Glück hat, kann man einem Sprayer bei der Arbeit zusehen. Aber nur, wenn man großes Glück hat, handelt es sich bei den meisten von ihnen doch um nachtaktive Menschen. Logisch, denn diese Kunstform ist im urbanen Raum leider oft noch verpönt.

Graffitis werden übrigens nicht unbedingt immer gesprüht. Der Begriff umfasst alle Kunstwerke, die mit verschiedensten Techniken auf (meist) öffentliche Wände gebracht werden.

Adresse Reichengasse/Ecke Bürgerspitalgasse, 8020 Graz // ÖPNV Bus 31, 33, 39, 40, Haltestelle Griesplatz // Öffnungszeiten täglich rund um die Uhr // für jedes Alter

TIPP: Weitere interessante Graffitis sind an der nur wenige Meter entfernten Fassade der Postgarage zu finden.

VIE
"8372"

31_DER GRAZER URWALD

Ein bisschen Urlaubsgefühl to go

Manchmal muss man gar nicht gedanklich in die Ferne schweifen, denn das Exotische liegt oft so nah. Wie der Grazer Urwald. Ein unberührter Fleck Natur am Messendorfberg.

Konkret handelt es sich beim Grazer Urwald um das Gelände einer ehemaligen Baumschule, die schon vor mehr als 100 Jahren aufgelassen wurde. Seitdem darf die Natur hier walten und schalten, wie sie möchte, und wird ganz sich selbst überlassen. Umgefallene

Bäume bleiben dort liegen, wo sie umgefallen sind. Auch wenn das mitten auf einem der Wege passiert sein sollte. Da muss man sich als Mensch schon mal anpassen und einen Weg drum herum oder darüber hinweg suchen.

Neben einem Bambuswald und Baumriesen wie Mammutbäumen findet man auch japanische Zypressen, Zaubernüsse und Streuobstwiesen. Kurz gesagt: Hier haben sich heimische und exotische Baum- und Pflanzenarten miteinander arrangiert und wachsen friedlich nebeneinander. Auch verschiedene heimische Tierarten haben es sich gemütlich gemacht. Übrigens steht das ganze Areal unter Naturschutz, was bedeutet, dass man achtsam sein muss, keinen Müll zurücklassen darf und nichts abreißen sollte. Falls sich jemand besonders für die Pflanzenvielfalt interessiert, es werden auch Kinderführungen angeboten.

TIPP: Ein paar Meter weiter bergab befindet sich ein kleiner Reiterhof. Von der Straße aus kann man die Pferde beobachten (Terminvereinbarung unter Tel. 0699/14059791).

Es empfiehlt sich, mit öffentlichen Verkehrsmitteln anzureisen, da es nur wenige Parkplätze gibt und diese meistens schon besetzt sind. Achtung: Bei starkem Wind oder großer Schneelast ist es zu gefährlich, das Areal zu betreten.

Adresse Messendorfberg 61, 8042 Graz // **ÖPNV** Bus 72, Haltestelle Sternäckerweg, von dort 10 Minuten Fußweg // **Öffnungszeiten** täglich rund um die Uhr // für jedes Alter

32_DER GRÖSSTE PUMPTRACK

Auf und nieder, immer wieder

Graz als Fahrradhauptstadt Österreichs? Gar nicht so weit hergeholt bei den vielen Fahrradfahrern, die täglich durch Graz cruisen. Seit dem Jahr 2017 ist die Fahrradstadt Graz um eine Attraktion reicher: den Pumptrack beim Bezirkssportplatz Eustacchio im Bezirk St. Peter. Auf der speziellen Moutainbikestrecke kann man rund um die Uhr trainieren und ganz ungezwungen Spaß haben.

»Ziehen und drücken« lautet die Devise. Der Gedanke, der hinter einem Pumptrack steckt, ist nämlich, nur durch Pumpen, also ganz ohne das Benutzen der Pedale, Geschwindigkeit zu erzeugen. Und das funktioniert dank der hügeligen Beschaffenheit hier erstaunlich gut.

Doch keine Angst: Wenn man das mit dem Pumpen noch nicht so gut beherrscht, kann man den Pumptrack natürlich auch so benutzen. Das Fahren über die Buckelpiste hilft einem, sein Sportgerät – das Fahrrad oder Laufrad – besser in den Griff zu kriegen und ein gutes Gespür für die Geschwindigkeit und das Gelände zu bekommen. Und wie heißt es so schön: Übung macht den Meister.

Allein ist man hier zwar selten, in die Quere kommt man sich aber dank der Weitläufigkeit trotzdem nicht. Und sollte man einmal eine Pause brauchen, dann hat man dabei auch immer etwas zu schauen. Denn es macht Riesenspaß, den Profis beim Pumpen zuzusehen. Und die Motivation kommt dabei auch wieder. Versprochen!

TIPP: Wenige Meter neben dem Pumptrack befinden sich ein öffentlicher Skate- und ein Basketballplatz.

Adresse St.-Peter-Pfarrweg 30, 8042 Graz // **ÖPNV** Straßenbahn 6, Haltestelle Eisteichgasse // **Öffnungszeiten** täglich rund um die Uhr // ab 5 Jahre

SCIROCCO

33_DAS GRÖSSTE TRAMPOLIN

Hüpfen bis zum Umfallen und noch viel weiter

Hüpfen, hüpfen, laufen und wieder hüpfen – unglaublich, wo Kinder die viele Energie hernehmen. Da gibt es kein faules Herumsitzen auf der Couch wie bei den Erwachsenen. Meist hilft da nur eines: auspowern. Und zwar richtig. Wer die Parks in und um Graz schon auswendig kennt, für den gibt es eine Alternative. Einen Park, der mit Bäumen, Wiesen und Blumen nichts am Hut hat, dafür aber mit Trampolinen. Höher, weiter, besser – im FLIP LAB kann man springen, was das Zeug hält beziehungsweise bis man müde wird.

Auf einer Fläche von 3.000 Quadratmetern findet man in unterschiedlichen Zonen alles, was das Hüpferherz höherschlagen lässt. Bungee-Trampoline, Basketball-Trampoline und ein Trampolin, an dem man interaktive Computerspiele spielt, wechseln sich mit normalen Trampolinen oder Airbags ab, auf denen man weich landen und allerhand Tricks ausprobieren kann.

Wem das noch nicht genug ist, der kann sich einen Stock höher im Hindernisparcours versuchen. Für die Kleinsten gibt es einen eigenen Bereich mit Bällebad und Spielgeräten. Kinder unter sieben Jahren dürfen übrigens nur in Begleitung einer volljährigen Bezugsperson mitmachen.

Sportliche Kleidung ist sehr zu empfehlen. Zwei verschiedene Paar Socken, nämlich Rutschsocken und Klebesocken, sind ein Muss. Letztere kann man auch vor Ort erwerben. Und noch ein kleiner Tipp zum Schluss: Es ist ratsam, kurz vor und kurz nach dem Hüpfen aufs Essen zu verzichten – der Magen wird es einem danken!

Adresse Weblinger Gürtel 25, 8054 Graz // ÖPNV Bus 65, Haltestelle Center West // Öffnungszeiten Mo–Fr 14–19.30 Uhr, Sa, So und Feiertage 10–18 Uhr // ab 2 Jahre

TIPP: Wer nach dem Hüpfen noch Lust auf ein weiteres Spiel hat: Auf dem Dach des Center West befindet sich die größte Minigolfanlage der Stadt.

34_DER GRÖSSTE TURM

In 220 Stufen auf den höchsten Kirchturm

218, 219, 220 – geschafft! Wir haben soeben den Turm der Herz-Jesu-Kirche und damit den mit seinen 110 Metern höchsten Kirchturm der Steiermark bestiegen. Von hier oben bietet sich nicht nur eine gigantische Aussicht über die Dächerlandschaft von Graz, sondern auch ein spektakulärer Blick auf die massiven Kirchenglocken aus Stahl, die hier hängen und gelegentlich auch laut läuten.

Besucher kommen nicht allzu oft in diese luftigen Höhen, darf man den Turm doch nur im Zuge einer Führung erklimmen. Und diese findet in der Regel nur drei Mal im Jahr statt: vor dem Palmsonntag sowie am ersten und letzten Sonntag der großen Sommerferien.

Doch nicht nur der Kirchturm und seine Glocken – die größte wiegt mehr als drei Tonnen – können sich sehen lassen, auch die Kirche selbst beziehungsweise das Innere der Kirche ist äußerst sehenswert. Die Orgel mit mehr als 3.700 Pfeifen, von denen einige dicker sind als so mancher Baum, ist genauso interessant wie der Fakt, dass sich unter der eigentlichen Kirche, der Oberkirche, noch eine Krypta, auch Unterkirche genannt, befindet, in der das Grabmal des Bischofs und Erbauers der Kirche Johannes Zwerger liegt. Diese kann ebenso besichtigt werden.

Nach dem Kirchenbesuch kann man es sich im umliegenden Park gemütlich machen und bei einem Picknick und Vogelgezwitscher wieder langsam in der Realität ankommen.

Adresse Sparbersbachgasse 58, 8010 Graz, www.graz-herz-jesu.at // ÖPNV Straßenbahn 3, Haltestelle Herz-Jesu-Kirche // Öffnungszeiten Kirche Mo–So 7–19 Uhr, Turmführungen nur vor dem Palmsonntag sowie am ersten und letzten Feriensonntag der Sommerferien oder auf Anfrage, Infos siehe Homepage // ab 4 Jahre

TIPP: Gegenüber der Herz-Jesu-Kirche, im August-Matthey-Park, gibt es einen tollen Spielplatz.

35_DER HIMBEERGARTEN

Eine für dich und zwei für mich

Im Schatten zu liegen und sich dabei eine Himbeere nach der anderen in den Mund zu stecken … Hand aufs Herz – wer träumt im Sommer nicht davon? Jetzt werden vor allem jene Stadtmenschen unter uns, die nicht das Glück haben, einen eigenen Garten zu besitzen, vielleicht denken, dass das ein schöner Traum bleiben wird.

Muss es aber gar nicht. Denn im Norden von Graz, genauer gesagt in Weinzödl, gibt es einen Ort, der die Herzen aller Himbeerfans ein kleines bisschen höherschlagen lässt: einen Himbeergarten zum Selbstpflücken, der sogar mit dem Fahrrad gut zu erreichen ist. Im Grunde genommen funktioniert das hier genauso wie im Erdbeerland. Man kommt mit einem leeren Gefäß, pflückt die süßen Beeren, und zum Schluss wird dann je nach Ausbeute berechnet. Dass dabei die ein oder andere Beere im Mund verschwindet, darüber wird gern hinweggesehen.

Heidelbeeren gibt es hier übrigens auch. Und jedem, der schon einmal in mühsamer Arbeit Heidelbeeren am Berg gesucht hat, sei verraten: Hier handelt es sich mehr um Ernten als um Suchen. Denn ehe man sich versieht, ist der erste Becher auch schon voll. Und der zweite. Und der dritte.

Sollte man keine Lust zum Selbstpflücken haben, kann man natürlich auch einfach Beeren kaufen. Das ist zwar ein kleines bisschen teurer, als wenn man selbst pflücken würde, schmeckt aber mindestens genauso gut.

TIPP: Einmal über die Hauptstraße, und schon befindet man sich im Klettergarten Andritz-Weinzödl, der Hauskletterwand der Grazer, an der man nicht nur selbst klettern, sondern auch andere Alpinsportler beobachten kann.

Adresse Weinzödl 51, 8046 Graz // **ÖPNV** Bus 52, Haltestelle Weinzödlbrücke, von dort 10 Minuten Fußweg // **Öffnungszeiten** Juli – Sept. 8 – 19 Uhr, www.heidelbeergarten-graz.at // für jedes Alter

36_DER INDOORSPIELPLATZ

Das größte Bällebad von Graz

Eine Straßenbahn von links, ein rasendes Auto von rechts und dazwischen jede Menge Radfahrer, die sich ihren Weg bahnen. Ja, auf der Annenstraße treibt man sich nicht unbedingt gern mit Kindern herum. Gäbe es da nicht etwas ganz Spezielles an ihrem oberen Ende, also ganz in der Nähe des Hauptbahnhofs.

Nein, nicht die in einen Dornröschenschlaf versunkene Annenpassage ist gemeint, sondern das grüne Gebäude schräg gegenüber: der Leiner, seines Zeichens Möbel- und Einrichtungshaus. Jetzt mag man sich fragen, was ein Möbelhaus außer der Kindermöbelabteilung mit Kindern zu tun hat.

Um das zu erfahren, muss man hoch hinaus. Mit dem Lift bis in den fünften Stock, dann kämpft man sich durch das Labyrinth der Kindereinrichtung zum Restaurant vor. Hat man das Restaurant erreicht, sind es nur noch wenige Schritte bis zum Indoorspielplatz. Spielparadies wäre treffender, denn hier gibt es alles, was das Kinderherz begehrt: ein Bällebad, Klettertürme und eine Rutsche. Selbst einen Kleinkinderbereich, wo schon die Kleinsten nach Herzenslust spielen. Die Erwachsenen können sich gemütlich einen Kaffee mit Kuchen gönnen, wobei sie den Nachwuchs immer im Augenwinkel haben.

Spielen darf man hier, solange man möchte, kaufen muss man nichts. Man muss sich nur an die Öffnungszeiten des Möbelhauses halten. Was die Jüngsten manchmal nicht verstehen. Aber die Aussicht auf ein baldiges Wiederkommen trocknet die Tränen meist schnell wieder.

Adresse Annenstraße 63, 8020 Graz, www.leiner.at/filiale-leiner-graz // **ÖPNV** Straßenbahn 1, 4, 6, 7, Haltestelle Esperantoplatz/Arbeiterkammer // **Öffnungszeiten** Mo–Fr 9.30–19 Uhr, Sa 9–18 Uhr // ab 2 Jahre

TIPP: Sollten die Öffnungszeiten zum Auspowern nicht gereicht haben, befindet sich zwei Gehminuten entfernt im Metahofpark ein kleiner, aber feiner Kinderspielplatz.

37_DAS JOHANN PUCH MUSEUM

Zu Besuch bei Haflinger, Maxi, Pinzgauer und Co.

Schon beim Betreten des Museums in der Puchstraße 85 steigt einem der Geruch von Schmier- und Motoröl in die Nase. Logisch, handelt es sich hier doch um ein Fahrzeugmuseum beziehungsweise um ein Museum, das sich dem Wirken von Johann Puch widmet und ein Stück heimischer Mobilitätsgeschichte zeigt. Ohne diesen Ort wäre die Stadt Graz wohl nicht zu einem wichtigen Standort der Automobilindustrie geworden.

In der ehemaligen Produktionsstätte des Werkes, der Halle P, findet man über 2.500 Exponate. Fahrräder wie das Waffenrad oder das klassische Puch-Rennrad, Motorräder, Maxi-Mopeds und Autos trifft man hier genauso wie geländegängige Klassiker wie Pinzgauer, Haflinger und Co. Darüber hinaus gibt es auch diverse Sonderanfertigungen (zum Beispiel für Feuerwehren) und Prototypen, die es nie aus der Halle herausgeschafft haben. Was alle Ausstellungsstücke gemeinsam haben: Sie sind Leihgaben aus Privatsammlungen, weshalb nicht immer alles gleichzeitig zu besichtigen ist.

Übrigens wurden hier in der Halle im Jahr 1914 schon über 1.100 Arbeiter beschäftigt und mehr als 16.000 Fahrräder und je 300 Motorräder und Autos im Jahr produziert, was in Anbetracht der damaligen technischen Möglichkeiten eine beachtliche Leistung war.

Für alle, die mehr wissen möchten, noch ein kleiner Tipp: Wenn man Glück hat und wenig los ist, dann erzählt einem Museumsleiter Karlheinz Rathkolb gern spannende Anekdoten und Wissenswertes über das Museum.

Adresse Puchstraße 85, 8020 Graz // **ÖPNV** Straßenbahn 5, Haltestelle Lauzilgasse // **Öffnungszeiten** Fr 14–17.15 Uhr, Sa 14–18 Uhr, So 10–18 Uhr, www.johannpuchmuseum.at/kontakt-2 // ab 3 Jahre

TIPP: Für alle, die sich für Fahrzeuge und Co. interessieren: Am Flughafen Graz befindet sich das Luftfahrtmuseum.

38_DER JUNGFERNSPRUNG

Die beste Aussicht über das Murtal

Manch einer denkt schon am Anfang des steilen Weges hinauf zur Burgruine Gösting ans Aufgeben, doch das Durchhalten zahlt sich aus. Versprochen!

Denn wenn man schon ein paar Meter unter dem eigentlichen Ziel nach rechts abbiegt, findet man sich an einem tollen Aussichtspunkt wieder: dem Jungfernsprung. Von hier aus hat man einen atemberaubenden Ausblick über das Murtal. Zumindest von Graz bis zum ersten Gratkorntunnel. Man sieht den Stadtteil Raach, die Autobahn, den Kanzelsteinbruch sowie Teile des Grazer Berglandes.

Aber wie kommt dieser Felsen eigentlich zu seinem eher ungewöhnlichen Namen? Der Sage nach soll sich am Turnierplatz der Burg Gösting einst jenes folgenschwere Ritterturnier zugetragen haben, bei dem der Geliebte des wunderschönen Burgfräuleins Anna von Gösting auf tragische Weise durch seinen Kontrahenten zu Tode kam. Anna, die daraufhin den Kontrahenten hätte heiraten müssen, war darüber so geschockt, dass sie ihrem Leben ein Ende setzte und sich vom nahe gelegenen Felsen in den Tod stürzte. Seitdem ist dieser nach ihr benannt.

Heute kann das nicht mehr so leicht passieren, der Weg ist gut ausgebaut und gesichert. Dennoch sollte man auf festes Schuhwerk nicht verzichten. Und auch eine kleine Wegzehrung kann nicht schaden, denn man marschiert schon eine gute halbe Stunde.

TIPP: Etwas oberhalb befindet sich die recht gut erhaltene Burgruine Gösting mit besagtem Turnierplatz. Dort gibt es ein kleines Museum und eine Taverne.

Adresse Ruinenweg 50, 8051 Graz // ÖPNV Bus 40, 85, Haltestelle Gösting, von dort Fußweg zur Ruine // Öffnungszeiten täglich rund um die Uhr // ab 5 Jahre

39_DAS KARUSSELL

Pferd oder Schwan? Das ist hier die Frage!

Wer die Spielwarenabteilung im fünften Stock des Kastner & Öhler Modehauses betritt, sollte vor allem genügend Zeit, Geduld und eine gehörige Portion Durchhaltevermögen mitbringen. Denn auf einer Fläche von 1.500 Quadratmetern gibt es hier so viele Spielsachen wie sonst nirgends in Graz.

Neben gängigem Spielzeug wie Bausteinen, Puppen und Gesellschaftsspielen findet man auch Fahrzeuge aller Art, die schönsten und exotischsten Stofftiere und mehr als 25.000 Bücher. Da fällt die Entscheidung selbst so manchem Erwachsenen schwer. Auch wenn es sehr verlockend ist, in der riesigen Auswahl zu schmökern, sollte man Bücher, Spielzeug und Co. einmal links liegen lassen und sich quer durch die ganze Abteilung bis zum Ende der Verkaufsfläche wagen. Denn dort steht das eigentliche Highlight – und damit ist nicht die riesige Carrera-Rennbahn gemeint, die man auch ausprobieren kann, sondern ein Karussell aus Holz, das nur darauf wartet, mit Kindern im Gepäck seine Runden zu drehen. Man muss bloß noch entscheiden, ob man auf einem Schwan oder doch lieber auf einem der Pferde Platz nehmen möchte. Tja, um Entscheidungen kommt man hier wohl nicht herum.

TIPP: Wer nach der Spielzeugabteilung ein wenig Abwechslung braucht, kann den Skywalk auf der Terrasse im sechsten Stock besuchen. Hier findet man sich mitten in der schönen Dächerlandschaft von Graz wieder. Achtung: Man sollte schwindelfrei sein.

Übrigens gibt es hier auch eine tolle Kinderbetreuung, wo die Kleinen in bester Obhut sind und tolle Spiele spielen können, während die Eltern noch ein bisschen stöbern.

Adresse Sackstraße 7 – 13, 8010 Graz // **ÖPNV** alle Straßenbahnen, Haltestelle Hauptplatz; Straßenbahn 3, 5, Haltestelle Schloßbergplatz/Murinsel // **Öffnungszeiten** Mo – Fr 9.30 – 19.30 Uhr, Sa 9.30 – 18 Uhr, www.kastner-oehler.de/standort/graz/ // ab 3 Jahre

40_DAS KASPERLTHEATER

Lasst die Puppen tanzen!

Den Kasperl kennt vermutlich jeder. Zumindest den aus dem Fernsehen. Dabei gibt es in Graz noch einen anderen. Einen, der den Kindern schon seit über 27 Jahren Geschichten erzählt, sie in ferne Länder entführt und sich dabei immer wieder mit Bösewichten herumschlagen muss.

Man könnte auch sagen, das Kasperltheater ist eine Grazer Institution, die in einer weiteren Grazer Institution zu Hause ist: dem Orpheum. Gespielt wird dort jeden Dienstag jeweils um 15 und um 16.30 Uhr. In den 35 Minuten, die eine Aufführung dauert, wird einem mit Sicherheit nicht langweilig. Denn man ist nicht nur stummer Zuschauer, sondern auch aktiver Mitgestalter des Theaterstücks. Der Kasperl weiß nämlich nicht immer alles und fragt vorzugsweise Kinder gern um Rat, wenn es um das Lösen kniffliger Aufgaben geht.

Dass hinter den Figuren echte Menschen stehen, gerät dabei völlig in Vergessenheit und wird erst am Ende der Aufführung bei der Audienz des Kasperls deutlich. Was für ältere Kinder durchaus interessant ist, ist für die kleinen Zuseher meist nebensächlich, geht es doch vielmehr um die Geschichte selbst.

Insgesamt hat das Team mehr als 70 mit viel Liebe, Charme und Witz geschriebene Stücke im Repertoire. Angefangen bei der Reise nach Afrika bis hin zur verhängnisvollen Entführung der Oma ist alles dabei. Beste Voraussetzungen also, um für einen Moment, beziehungsweise 35 Minuten, dem Alltag zu entfliehen und sich in eine andere Welt versetzen zu lassen.

TIPP: Wer sich für das Kasperltheater schon zu alt fühlt, der ist in der Oper Graz gut aufgehoben. Dort gibt es in regelmäßigen Abständen Theaterstücke für alle Altersklassen zu sehen.

Adresse Orpheumgasse 8, 8020 Graz // **ÖPNV** Straßenbahn 1, 4, 6, 7, Haltestelle Roseggerhaus // **Öffnungszeiten** siehe www.kasperl.com // ab 3 Jahre

41_DAS KINDERCAFÉ

Zwischen Kinderbüchern und Kakao

Eines gleich vorneweg: Man sollte eine gewisse Resistenz gegen Lautstärke mitbringen, wenn man vorhat, das Martin-Auer-Café zu besuchen. Zumindest gilt diese Warnung für all jene, die ohne Kinder unterwegs sind. Eltern fühlen sich hier jedoch wie im Paradies. Denn hier kann man seinen Kaffee genießen, ohne schiefe Blicke zu ernten, wenn mal ein Glas umfällt oder der Nachwuchs laut schreit. Schließlich befindet man sich in einem Café für Kinder. Mit allem, was dazugehört: Babyccino, kinderfreundliche Gerichte und Spielzeug sowie ausreichend Platz, um dieses auszuprobieren. In welchem Kaffeehaus darf man sonst mit dem Bobbycar seine Runden drehen oder Bilderbücher anschauen, während man gleichzeitig ein Kipferl isst?

Hier sind die kleinen Kunden Könige. Es gibt eigene Parkplätze für Kinderwagen und viele bunte Stühle für jüngere und ältere Kinder. Auch die Speisekarte lässt keine Wünsche übrig. Von süß bis salzig, von Pancakes über Avocadotoasts bis hin zu Frankfurter Würstel – es gibt hier alles, was das Herz begehrt. Und sollte die Auswahl einmal nicht genügen, kann immer noch aus dem regulären Bäckereisortiment gewählt werden.

Und das Beste: Die Kinder beschäftigen sich meist wunderbar allein. So können die Eltern gemütlich mit Freunden tratschen. Vorausgesetzt, diese sind, wie oben erwähnt, lärmresistent. Denn es geht hier schon ein klein wenig lauter zu als in herkömmlichen Kaffeehäusern.

TIPP: Ganz in der Nähe, an der Hausmauer des Akademischen Gymnasiums, ragen ein paar Straßenlaternen kreuz und quer aus der Wand. Sehr kurios!

Adresse Hans-Sachs-Gasse 4, 8010 Graz // **ÖPNV** alle Straßenbahnen, Bus 30, 31, 31E, 32, 33, 34, 34E, 35, 39, 40, 60, 67E, Haltestelle Jakominiplatz // **Öffnungszeiten** Mo–Fr 7–18.30 Uhr, Sa 8–18 Uhr, So und Feiertage 9–17 Uhr, www.martinauer.at/moment/kunterbuntes-kaffeehaus // für jedes Alter

42_DAS KINDERMUSEUM

Zu Gast bei FRida & freD

Pritscheln, selbst gemachte Boote basteln und diese testen, mit Gummistiefeln und Matschgewand durchs Museum laufen … Halt, stopp! Durchs Museum? Irgendetwas passt da nicht. Oder etwa doch? Ein Besuch im Museum, das klingt im ersten Moment meist langweilig. Vor allem für Kinder. Da darf man nichts angreifen, da darf man nicht laut sein, sondern nur schauen.

Genau das Gegenteil ist im »FRida & freD« der Fall. Im Museum im Augarten ist alles erlaubt, was in herkömmlichen Museen nicht gern gesehen wird. Logisch – das Museum ist ja auch für Kinder. In zwei unterschiedlichen Ausstellungen, die einmal im Jahr wechseln, werden unterschiedliche Altersgruppen dazu aufgefordert, neugierig und aktiv zu sein, sich mit bestimmten Themenwelten, eingebettet in spannende Geschichten, auseinanderzusetzen und zu experimentieren. Lautsein und Mitmachen ist ausdrücklich erwünscht.

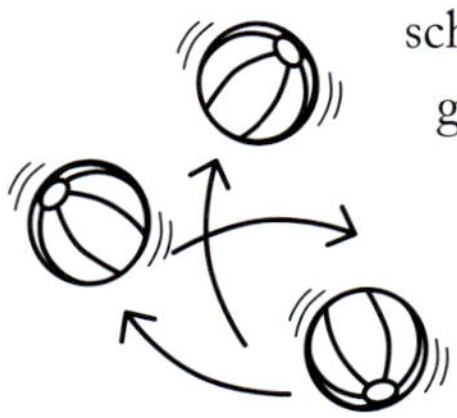

Doch das ist längst nicht alles. Neben Kindertheater und unterschiedlichen Workshops gibt es auch einen tollen Freibereich. Hier kann man nach Lust und Laune toben. Darüber hinaus finden jedes Wochenende Akrobatikkurse statt, wo man sich im Slacklinen, Jonglieren und in diversen anderen Kunststücken versuchen kann. Sogar Kindergeburtstage werden hier gefeiert.

TIPP: Wer nach dem Museumsbesuch Hunger verspürt, sollte dem ReUse-Café der Caritas im benachbarten Paulschlössl einen Besuch abstatten.

Gut zu wissen: Die Straßenschuhe müssen draußen bleiben – im Museum herrscht nämlich Patschen- beziehungsweise Sockenpflicht.

Adresse Friedrichgasse 34, 8010 Graz // **ÖPNV** Bus 34, Haltestelle Augarten // **Öffnungszeiten** Mi–Mo, Feiertage 9–17 Uhr, www.fridaundfred.at/dein-besuch // 3–12 Jahre

43_DIE KINDERUNI

Dumme Fragen gibt es nicht

Warum ist die Erde rund? Warum ernährt sich der Wal als größtes Säugetier der Welt hauptsächlich von den kleinsten Lebewesen? Fragen über Fragen, auf die so mancher Elternteil nicht immer eine passende Antwort parat hat, während der Durst nach Wissen beim Nachwuchs immer größer wird. Genau das haben diverse Wissenschaftler erkannt und die Kinderuni ins Leben gerufen.

Dabei handelt es sich im Grunde um nichts anderes als einen Universitätsbetrieb für Kinder, bei dem sie im Hörsaal der Hauptuni Graz Vorlesungen besuchen und Vortragende der Universitäten und Fachhochschulen mit Fragen löchern dürfen. Das Programm besteht ganzjährig. Es richtet sich an Kinder zwischen acht und 14 Jahren, die Teilnahme ist kostenlos, anmelden muss man sich online.

Schauplatz der Vorlesungen ist hauptsächlich einer der Hörsäle der Karl-Franzens-Universität Graz. Manche Veranstaltungen finden auch in den anderen Unis und Fachhochschulen statt. Außerdem bekommen alle Teilnehmer einen echten Studentenausweis. Und das Beste: Schon zwei besuchte Vorlesungen berechtigen zur Teilnahme an der »Sponsion«. Das heißt, man bekommt dann den Titel »Bachelor der Kinderuni Graz« verliehen. Nicht schlecht, oder?

Wer sich mit dem Universitätsbetrieb nicht anfreunden kann oder will, muss nicht unwissend bleiben. Auf der Homepage der Uni sind unter der Rubrik »Nachgefragt« diverse Videos zu sehen, die Antworten auf spannende Kinderfragen geben. Wenn man möchte, kann man dort auch selbst Fragen einreichen.

Adresse Karl-Franzens-Universität, Universitätsplatz 1, 8010 Graz, www.kinderunigraz.at // **ÖPNV** Bus 39, 41, 63, Haltestelle Graz Universität // **Öffnungszeiten** immer 15–16 Uhr, genaue Termine und Anmeldung auf der Website // 8–14 Jahre

TIPP: Ganz in der Nähe, entlang der Schubertstraße und ihren Seitengassen, liegen die schönsten Palais und frei stehenden Villen der Stadt, die heutzutage fast alle in der Hand von großen Firmen sind.

44_DIE KLETTERWAND

Klettern neben dem reißenden Fluss

Man muss sich das so vorstellen: Man hängt ungesichert mitten in der Kletterwand, das Ziel ist schon in Sicht. Unter einem rauscht aber der reißende Fluss, der einen mit jedem Gedanken wieder weiter vom Ziel entfernt. So oder so ähnlich klettert es sich an der Mur.

Ganz so gefährlich, wie das klingt, ist es dann aber doch nicht, denn zwischen dem Fluss und der Kletterwand befindet sich ein mindestens zwei Meter breiter Weg, die Murpromenade. Das Einzige, was einem hier Angst machen könnte, sind vielleicht die Hunde, die sich gern von der Leine ihrer Besitzer losreißen würden, um einen zu beschnüffeln.

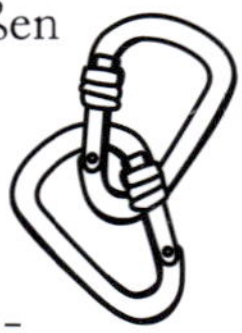

Die Boulderwand ist gut zugänglich, liegt aber dennoch versteckt. Zwischen Murinsel und Citybeach kann man den Weg auf einer Länge von 50 Metern auch kletternd zurücklegen – und das, sooft man will. Langweilig wird einem dabei mit Sicherheit nicht, gibt es an der Wand doch unterschiedliche Schwierigkeitsgrade. Den Überhang sollten Kinder lieber auslassen, dafür aber vielleicht eigene Spiele erfinden: Wer schafft es am schnellsten durch die Wand?

TIPP: Ein paar Meter flussabwärts befindet sich der Citybeach, wo man bei toller Musik etwas trinken und – wenn man Glück hat – sogar Surfern in Aktion zuschauen kann.

Wenn man Glück hat, trifft man hier sogar auf Profis und kann ihnen vom Bankerl gegenüber beim Klettern zusehen. Bis es einen dann wieder selbst juckt, die Wand in Angriff zu nehmen. Also nichts wie ab an die Mur zum Klettern!

Adresse Murpromenade zwischen Murinsel und Citybeach, 8010 Graz // ÖPNV Straßenbahn 3, 5, Haltestelle Murinsel; Straßenbahn 1, 4, 6, 7, Haltestelle Südtiroler Platz // Öffnungszeiten täglich rund um die Uhr // ab 3 Jahre

45_DER LENDMARKT

Gemütliches Frühstück und geschäftiges Treiben

Ein paarmal umfallen, und man befindet sich am Land. Möchte man zumindest meinen, wenn man einen der vielen Grazer Bauernmärkte betritt. Der Bauernmarkt am Lendplatz sticht besonders hervor. Erstens kann man hier von Gemüse über saisonales Obst, Brot, Fleisch und Käse bis hin zu Blumen alles bekommen. Zweitens ist hier immer etwas los.

Vor allem Kinder sind gern gesehene Gäste. Getreu dem Motto »Der Kunde ist König« werden sie am Stand eingeladen, von den Äpfeln zu probieren, dürfen sich dort an der Ecke selbst die schönsten Eier aussuchen, und da drüben gibt es manchmal eine Karotte obendrauf. So wird der sonst oft langweilige Wocheneinkauf zum Erlebnis. Außerdem muss man sich hier nicht blöd vorkommen, wenn man nur eine Karotte oder fünf Kartoffeln kauft. Dann kann auch nichts schlecht werden. Doppelt gewonnen sozusagen.

Wenn der Hunger über den Apfel oder die Karotte hinausgeht – was bei Kindern oft innerhalb von Sekundenbruchteilen geschehen kann –, dann bieten sich die vielen kleinen Lokale an, in denen man ein tolles Marktfrühstück genießen kann.

Auch außerhalb der Marktöffnungszeiten zahlt es sich aus, dem Platz einen Besuch abzustatten, eignet sich dieser dank seiner Autofreiheit doch ideal zum Laufradfahren und Herumtoben oder dazu, bei einem Eis den Skatern beim Skateboardfahren und Tricksen zuzusehen. Kurz gesagt: Es herrscht so gut wie immer ein buntes Treiben. Langweilig wird einem hier also bestimmt nicht!

Adresse Lendplatz, 8020 Graz // **ÖPNV** Bus 40, 67, Haltestelle Volksgartenstraße // **Öffnungszeiten** Mo–Sa 6–13 Uhr // für jedes Alter

TIPP: Vom Lendplatz ist es nicht weit zur Schloßbergbahn, mit der man bequem den Grazer Hausberg hinauffahren kann.

46_DIE LUDOTHEK

Das Brettspielparadies für Groß und Klein

Man stelle sich Folgendes vor: Man ist umgeben von Tausenden von Brettspielen, darf sich eines aussuchen und fängt zu spielen an. Kurze Zeit später entscheidet man sich spontan um, holt sich ein neues Spiel und spielt dieses weiter.

Klingt nach einem verrückten Traum, ist es aber nicht. In der Ludothek am Karmeliterplatz 2 ist das möglich. Hier betreibt der Verein Ludovico, der sich der Förderung der Spielkultur, des Spielens und der Spielpädagogik verschrieben hat, eine Ludothek, also eine Bibliothek mit Brettspielen. Mehr als 3.700 Spiele haben ihr Zuhause gefunden und warten nur darauf, entdeckt und ausprobiert zu werden. Ein Paradies für alle analogen Spieleenthusiasten. Doch auch Freunde des digitalen Zeitvertreibs kommen nicht zu kurz. Der Videospielebestand umfasst zurzeit schon mehr als 200 Spiele und ist stetig im Wachsen begriffen.

Da sich während der Öffnungszeiten nicht alle Spiele durchspielen lassen, kann man diese gegen eine geringe Gebühr auch ausleihen und mit nach Hause nehmen. Und wenn man sich einmal nicht entscheiden kann – was bei der riesigen Auswahl tatsächlich häufiger vorkommt –, dann beraten einen die netten Mitarbeiter vor Ort gern individuell und kompetent. Da sie an der Quelle sitzen, haben sie logischerweise auch die besten Erfahrungswerte.

TIPP: Jedes Jahr im Juli verwandelt sich Graz für ein paar Tage in die Bibongo-Kinderstadt. Hier können sich Kinder von sieben bis zwölf Jahren in Workshops mit Ideen und Wünschen für die Zukunft auseinandersetzen (www.kinderstadt-steiermark.at).

Adresse Karmeliterplatz 2, 8010 Graz, www.ludovico.at // **ÖPNV** Bus 30, Haltestelle Karmeliterplatz; alle Straßenbahnen, Haltestelle Hauptplatz, von dort zu Fuß durch die Sporgasse bis zum Karmeliterplatz // **Öffnungszeiten** Mo, Mi, Do, Fr 15–19 Uhr, Di 10–13 und 15–19 Uhr, Sa 10–14 Uhr // ab 3 Jahre

47_DER LUSTBÜHEL

Wo sich Fuchs und Hase Gute Nacht sagen

Wenn man den Bus mit der Nummer 60 an der Endstation Lustbühel verlässt, mag man sich verwundert fragen, wo man hier gelandet ist. Hügelige Landschaft, kaum Häuser, ein Schloss und dahinter jede Menge Tiere und Natur. Es fühlt sich so an, als wäre man am Land, und dort ist man gewissermaßen auch, obwohl man sich offiziell noch auf Grazer Stadtgebiet befindet. Dieses unter Naturschutz stehende Areal ist Teil einer großen Schaulandwirtschaft.

Hasen, Ziegen, Hühner, Pferde, Schafe, Schweine und Kühe, im Grunde alle heimischen Haustierrassen, haben auf dem Hügel, der sogar höher als der Schloßberg ist, ihr Zuhause. Man kann hier an ihrem Alltag teilnehmen, sie beobachten, füttern und streicheln. Die Tiere sind in fast jeder Wetterlage draußen und freuen sich immer über Besuch. Wenn man Glück hat, entdeckt man sogar Kröten und Frösche. Außerdem wächst hier das unter Naturschutz stehende Wollgras sowie die Hunds-Zahnlilie.

In einer Dreiviertelstunde hat man den im Großen und Ganzen kinderwagentauglichen Rundweg, der auch durch einen Wald mit vielen tollen Geheimwegen führt, hinter sich gebracht. Am Ende wartet ein Spielplatz, wo man auf dem ein oder anderen eben gesehenen (Holz-)Tier reiten oder eine Runde auf dem Traktor drehen kann.

Der Name Lustbühel geht übrigens auf das dortige Lustschloss zurück. Das, so heißt es, wurde rein zum privaten Vergnügen ganz ohne repräsentative Zwecke erbaut. Heute beherbergt es einen Kindergarten.

TIPP: Am Beginn beziehungsweise am Ende des Rundwegs gibt es eine Mostschenke mit Bauernladen, wo man herrliche Fruchtsäfte, Brot, saisonales Gemüse und Obst kaufen kann.

Adresse Lustbühelstraße 28, 8042 Graz // **ÖPNV** Bus 60, Haltestelle Lustbühel // **Öffnungszeiten** Schaulandwirtschaft und Wanderweg: täglich rund um die Uhr, Bauernladen: Fr, Sa 9–18 Uhr, So 14–18 Uhr // für jedes Alter

48_DIE MÄRCHEN-GROTTENBAHN

Durch den unterirdischen Hexenwald

Konzerte, Rutsche, Kunstausstellung – in Graz spielt sich tatsächlich viel im Inneren eines Bergs, nämlich des Schloßbergs, ab. Auch für das jüngere Publikum gibt es dort eine tolle Attraktion: die Märchengrottenbahn.

Das ist aber nicht irgendeine Bahn, hier fährt man mit dem Bummelzug auf einer Strecke von zwei Kilometern durch das unterirdische Stollensystem des Schloßbergs. Durch die Räuberhöhle, vorbei am Hexenhaus und direkt in den Märchenwald hinein. Während der Fahrt beobachtet man Szenen, die einen an Geschichten aus der Kindheit erinnern, und hört Zitate aus den bekanntesten Märchen. An manchen Stationen darf man sogar selbst aktiv werden, muss Rätsel lösen oder kann mit Hilfe einer Taschenlampe versteckte Gegenstände entdecken.

Eine Fahrt dauert 35 Minuten, und was keinesfalls fehlen sollte, ist ein warmer Pullover oder eine Jacke, denn selbst im Sommer ist es so tief im Berg ganz schön kühl. Dunkel ist es auch, aber nur so kommen die vielen Lichtspiele, die es hier zu bewundern gibt, besonders gut zur Geltung. Das kann für den ein oder anderen jungen Fahrgast etwas gruselig sein. Ankuscheln an den Sitznachbarn ist daher mehr als erlaubt.

Die Bahn fährt übrigens halbstündlich. Sollte man einen Zug verpassen, empfiehlt es sich daher, mit dem Lift durch den Berg zu fahren, die Aussicht zu genießen, mit der Rutsche wieder nach unten zu rutschen und dann einfach den nächsten Zug zu nehmen.

TIPP: Um die Wartezeit auf den nächsten Zug zu überbrücken, kann man die 260 Stufen auf den Schloßberg und wieder retour in Angriff nehmen.

Adresse Schloßbergplatz 1, 8010 Graz // **ÖPNV** Straßenbahn 3, 5, Haltestelle Schloßbergplatz // **Öffnungszeiten** Mo – So 10.45 – 17 Uhr // ab 4 Jahre

49_DAS MINIATUR-RATHAUS

Sehenswürdigkeiten zum Begreifen

Von der Oper bis zum Landhaus und weiter zum Rathaus, von dort zum Kunsthaus und dann zum Uhrturm am Schloßberg. Ein schöner Nachmittagsspaziergang. Oder eine interessante Sightseeing-Runde, die man nicht nur auf klassische Weise erleben kann, sondern auch »sinneserweitert«.

Detailgetreue Miniaturen aus Bronze stehen direkt vor den jeweiligen Objekten. Sie dienen im wahrsten Sinne des Wortes zum »Begreifen«, sind sie doch primär für Sehbeeinträchtigte gedacht. Diese können sich in großen Gebäuden oft ebenso gut orientieren wie Menschen mit intaktem Sehsinn, aber sie bekommen dabei schwerlich eine Vorstellung vom Gebäude als Ganzem. Kindern ergeht es meistens ähnlich, insbesondere, wenn sie nah dran stehen. Dank der Miniaturen können auch sie sich einen guten Überblick verschaffen und die Dimensionen der Bauwerke viel besser nachvollziehen.

Vor allem die Miniatur des Rathauses ist hier hervorzuheben, weil sie aufgrund ihrer Detailgenauigkeit besonders spannend ist.

Übrigens: Wenn man die Miniatur des Rathauses nicht gleich findet, bitte nicht verzagen. Diese liegt etwas versteckt im Foyer des Rathauses, bewacht vom Portier und der Security. Wahrscheinlich wird sie so gut beschützt, um nicht einem dreisten Dieb zum Opfer zu fallen, so wie es mit der Murinsel geschah, die es einst ebenfalls als Bronze-Miniatur gab.

TIPP: Es lohnt sich, dem Shop im Kunsthaus einen Besuch abzustatten. Hier gibt es tolle Bücher und Kleinigkeiten mit Graz-Bezug, die man sonst nirgends in der Stadt findet.

Adresse Rathaus, Hauptplatz 1, 8010 Graz // **ÖPNV** alle Straßenbahnen, Haltestelle Haupt- oder Jakominiplatz // **Öffnungszeiten** Mo–Sa 6–19 Uhr // für jedes Alter

50_DIE MINIGOLFANLAGE

Wo schon Oma und Opa den Schläger schwangen

Man mag es kaum glauben, aber in Graz befindet sich tatsächlich die älteste Minigolfanlage Europas. Noch dazu hat sie eine lange Reise hinter sich. Im Jahr 1958 war sie nämlich als Novum auf der Weltausstellung in Brüssel zu bewundern, danach wurde sie von einem Oberösterreicher gekauft und in Graz aufgebaut. Und hier steht sie immer noch. Seit mehr als 60 Jahren.

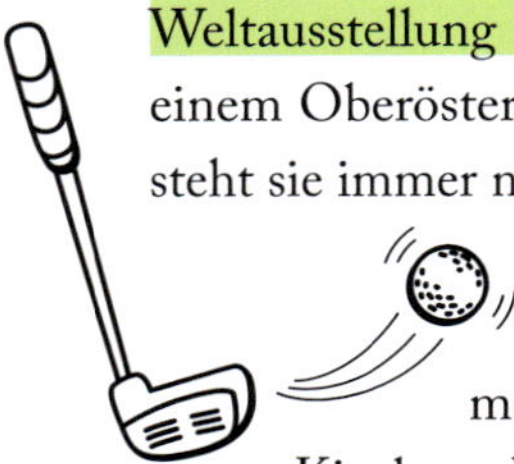

Auch heute fühlt man sich beim Betreten der Anlage, als hätte man eine kleine Zeitreise gemacht. Die Bahn ist noch im Originalzustand, der Kiosk und die Sitzgelegenheiten dürften ebenso den 60er Jahren entsprungen sein, was seinen ganz eigenen Charme hat.

Können muss man übrigens nicht viel mehr, als gelegentlich den Ball mit dem Minigolfschläger zu treffen und ihn dabei ins Loch zu manövrieren. Klingt einfach. Ist es aber gar nicht, denn manche Hindernisse auf den 18 Bahnen haben es in sich, für sie braucht man wahrscheinlich mehrere Anläufe. Aber wie überall gilt: Übung macht den Meister. Der Rekord liegt übrigens bei 19 Schlägen für 18 Löcher. Ob das zu unterbieten ist?

Wie auch immer, der Spaß sollte auf jeden Fall im Vordergrund stehen. Und wenn man sich zu sehr ärgert, hilft es ja vielleicht, einmal kurz durchzuschnaufen und sich unter den Bäumen ein kühles Eis zu gönnen, während man sich den ein oder anderen Trick vom Mitspieler abschaut.

TIPP: Hinter der Minigolfanlage, zwischen Bäumen versteckt, liegen ein Tennisplatz sowie ein historischer Hochbehälter der Wasserversorgung Graz, der von außen besichtigt werden kann.

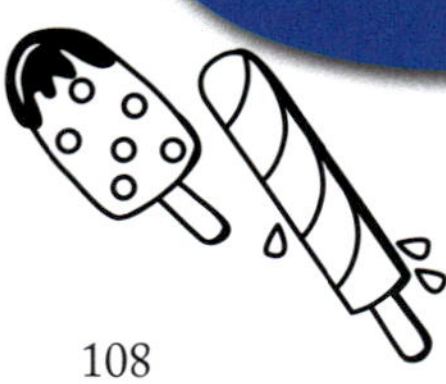

Adresse Heinrichstraße 95, 8010 Graz // **ÖPNV** Bus 58, Haltestelle Rosenhaingasse // **Öffnungszeiten** Mi – Fr 15 – 22 Uhr, Sa, So 11 – 22 Uhr, www.miniaturgolf-geidorf.at // ab 5 Jahre

51_DIE MUGLWAVE

Mit dem Kajak durch den Mühlgang

Der Mühlgang ist ein Kanal, der sich mal ober-, mal unterirdisch durch Graz zieht. Einst vom Bäcker-Müller-Konsortium genutzt, wird er heute nur noch für den Betrieb von Kleinwasserkraftwerken und von Paddlern verwendet. Richtig gelesen: Paddler stürzen sich dort kühn in die kalten Fluten, um ihrem Hobby zu frönen.

Wenn man Glück hat, bekommt man diese entlang des Mühlgangs tatsächlich zu Gesicht. Gleich neben dem Johann Puch Museum gibt es nämlich etwas, was so manches Paddlerherz höherschlagen lässt: die Muglwave – eine künstlich angelegte Wasserwalze für Paddler, Kanuten und Surfer.

An der Muglwave ist immer etwas los. An schönen Tagen wimmelt es hier nur so von Wassersportbegeisterten, die ihre ersten Paddelversuche unternehmen oder waghalsige Stunts zum Besten geben. Da macht das Zusehen nicht nur Spaß, sondern man bekommt gleich Lust, es selbst auszuprobieren. Doch bevor man sich an der Muglwave in die Fluten stürzt, sollte man die ersten Paddelversuche im Beisein von richtigen Profis machen. Dafür wendet man sich am besten an den Kanu Club Graz. Dieser bietet Kinder- und Jugendtrainings sowie Eltern-Kind-Paddeln an.

Zweimal im Jahr wird der Mühlgang entleert, repariert und wieder instand gesetzt. An diesen beiden Tagen kann man sich leider nicht an der Muglwave austoben. Allerdings zahlt sich ein Spaziergang entlang des Kanals dann aus. Hier werden des Öfteren spannende Objekte wie zum Beispiel Fahrräder oder Kinderwagen geborgen.

TIPP: Wenn man die nächstgelegene Brücke über die Mur, die Puntigamer Brücke, überquert, gelangt man zu einem Tennisclub mit Outdoorplätzen, auf denen sich die Hartgesottenen auch im Winter spannende Matches liefern.

Adresse Am Innovationspark 85, 8020 Graz // **ÖPNV** Straßenbahn 5, Haltestelle Puntigam Bahnhof, von dort circa 10 Minuten zu Fuß // **Öffnungszeiten** täglich rund um die Uhr // für jedes Alter

52_DIE MURMELBAHN

Mit Murmeln spielen inmitten der Fußgängerzone

Wenn man mit Kindern die Schmiedgasse im Herzen von Graz entlangspaziert, kommt man an einem Ort mit Sicherheit nicht so leicht vorbei: den liebevoll gestalteten Auslagen der Spielzeugschachtel.

Sollte man zu den regulären Öffnungszeiten vorbeiflanieren, kann man mit großer Wahrscheinlichkeit all seine weiteren Pläne über Bord werfen. Dort laden nämlich eine Murmelbahn sowie eine Holzeisenbahn und ein fast lebensgroßes Holzpony zu einem längeren Aufenthalt ein. Einladen ist vielleicht nicht das richtige Wort. Diese Spiele üben eine solche Faszination auf Kinder aus, dass sie regelrecht magnetisch von ihnen angezogen werden.

Dessen sind sich die Eigentümer der Spielzeugschachtel durchaus bewusst, und sie haben freundlicherweise ein Bankerl zur Verfügung gestellt, sodass Eltern oder Begleitpersonen für die Dauer der Spieleinheit nicht stehen müssen, sondern gemütlich sitzend verweilen dürfen.

Während der Nachwuchs spielt, kann man gern in den Auslagen stöbern und sich Inspiration für kommende Geburtstagsfeiern und andere Feste holen. Das zahlt sich auf jeden Fall aus. Das Spielzeug, das hier erhältlich ist, ist nämlich durch die Bank hochwertig und nicht überall in Graz zu finden. Und falls man das aktuelle Sortiment schon in- und auswendig kennt, kann man hier nette Gespräche führen und neue Bekanntschaften schließen. Man ist meist in guter Gesellschaft von Eltern, deren Kinder ebenso fasziniert von der Murmelbahn sind.

Adresse Schmiedgasse 16, 8010 Graz // ÖPNV alle Straßenbahnen, Haltestelle Hauptplatz oder Jakominiplatz; Bus 30, 31, 31E, 32, 33, 34, 34E, 35, 39, 40, 60, 67E, Haltestelle Jakominiplatz // Öffnungszeiten Jan.–Okt. Mo–Fr 9.30–18 Uhr, Sa 9.30–13 Uhr; Nov, Dez. Mo–Sa 9.30–18 Uhr // für jedes Alter

TIPP: Wenn man die Schmiedgasse von der Stubenberggasse aus betritt, kann man sich am Eck bei Martin Auer noch schnell einen guten Kaffee besorgen.

53_DIE MURNOCKERL

Klettern auf versteinerten Dinosauriereiern

Vor sehr vielen Jahren gab es auch in Graz Dinosaurier. Allerdings waren sie nur auf der Durchreise. Sie nahmen aber nicht alle ihre Habseligkeiten wieder mit, wie man im Augarten sehen kann. Unweit der Augartenbucht liegt nämlich ein Haufen versteinerter Dinosauriereier – so zumindest die Legende.

Die Wahrheit dahinter sieht ein klein wenig anders aus. Handelt es sich bei den »Eiern« doch nur um überdimensionierte, von Menschenhand geschaffene Murnockerl, die hier vor ein paar Jahren anlässlich eines jährlich stattfindenden Hindernislaufes, des Grazathlons, platziert wurden.

Was aber nicht heißt, dass sie deshalb weniger spektakulär sind. Ganz im Gegenteil, sie eignen sich das ganze Jahr über hervorragend zum Kraxeln, Turnen, Hüpfen und Toben. Selbst einem Picknick auf einem der Steine steht nichts im Weg. Die Phantasie darf wie immer grenzenlos sein.

Bleibt nur noch eine Frage: Warum heißen die Murnockerl eigentlich Murnockerl? Murnockerl sind eierförmige Steine, die aus der Mur geholt werden. Viele Steine hatten einmal Ecken und Kanten und befinden sich schon seit der Eiszeit, also seit vielen 1.000 Jahren, im Wasser. Dank der Bewegung des Flusses und des Kontakts mit Sedimenten und anderen Steinen werden diese immer runder. Früher wurden sie gern zum Pflastern von Straßen benutzt, heute eher zur Zierde von Gärten. Wenn man diese große Zeitspanne betrachtet, ist die Geschichte mit den Dinosauriereiern also gar nicht so weit hergeholt!

TIPP: Wenn man andere Kletter-Herausforderungen sucht: Fünf Minuten mit dem Fahrrad entfernt liegt das BLOC house, eine Indoor-Boulderhalle (Puchstraße 17).

Adresse Wielandgasse 43, 8010 Graz // ÖPNV Bus 34, Haltestelle Augarten // Öffnungszeiten täglich rund um die Uhr // für jedes Alter

54_DIE MUSCHELGROTTE

Muscheln zählen mitten in der Stadt

Muscheln inmitten von Graz, die zudem aus Österreich stammen? Zugegeben, das hört sich im ersten Moment etwas schräg an, haben wir hier doch kein Meer oder Ähnliches vor der Haustür. Dennoch gibt es in der Stadt einen Ort, an dem man Muscheln entdecken kann – man muss nur wissen, wo.

Im Innenhof von Schloss Eggenberg gelangt man zu einer kleinen Grotte, an deren Wand diverse große und kleine Muscheln angebracht sind. Und diese stammen tatsächlich aus Österreich. Um das zu verstehen, muss man gedanklich einige Jahre in die Vergangenheit reisen. Nämlich in jene Zeit, in der Triest Teil der Habsburgermonarchie war und Österreich somit noch einen eigenen Meerzugang besaß, von dem auch die Muscheln in dieser Grotte stammen.

Wie viele Muscheln sich tatsächlich an der Wand befinden, lässt sich nicht hundertprozentig sicher sagen, kommt man doch bei jedem Besuch auf eine andere Zahl. Gewiss ist allerdings, dass die Muscheln zu 42 Blumen angeordnet sind. Aber am besten macht man sich selbst ein Bild und zählt bei dieser Gelegenheit gleich einmal nach … Nicht nur die Grotte ist sehenswert, sondern auch Schloss Eggenberg selbst, da es einem einzigen großen Kalender gleicht: 365 Außenfenster stehen für die Tage eines Jahres, in der zweiten Etage verfügt das Schloss über exakt 52 Fenster für die Wochen. Darüber hinaus gibt es in jeder Etage genau 31 Räume, stellvertretend für die Tageszahl eines Monats, sowie vier Türme – für jede Jahreszeit einen.

TIPP: Vor dem Schlosspark befinden sich eine Sporthalle sowie ein Sportplatz, auf dem regelmäßig American Football gespielt wird.

Adresse Eggenberger Allee 90, 8020 Graz // ÖPNV Straßenbahn 1, Haltestelle Schloss Eggenberg; Straßenbahn 7, Haltestelle Franz-Steiner-Gasse // Öffnungszeiten Schlosspark: 1. Nov.–14. März täglich 8–17 Uhr, 15. März–31. Okt. täglich 8–19 Uhr, www.museum-joanneum.at/schloss-eggenberg-prunkraeume-und-gaerten/gaerten/schlosspark // ab 3 Jahre

55_DAS NOPPELBAD

Ein Freibad nur für Kinder

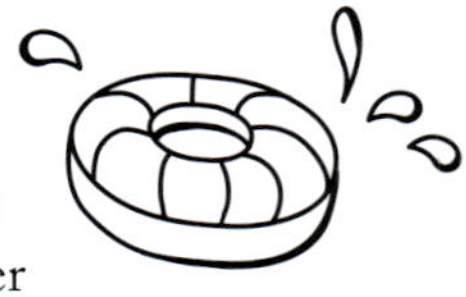

Planschen, nach Herzenslust spritzen und laut sein, ohne dabei einen Erwachsenen zu stören – was nach einem Traum klingt, ist im Noppelbad in der Gaswerkstraße Realität. Das Bad ist nämlich das einzige Freibad in Graz nur für Kinder.

Richtig gelesen: nur für Kinder. Bei freiem Eintritt kann man hier auf einer Wasserfläche von 150 Quadratmetern nach Lust und Laune spielen, pritscheln, sich abkühlen und diverses Wasserspielzeug auf seine Tauglichkeit hin überprüfen. Das Angebot richtet sich primär an Familien mit Kleinkindern. Größeren Kindern dürfte es hier im Bad aber ohnehin schnell langweilig werden. Das Becken hat nämlich eine Wassertiefe von lediglich 80 Zentimetern. Und damit ist das Schwimmen maximal auf erste Versuche beschränkt.

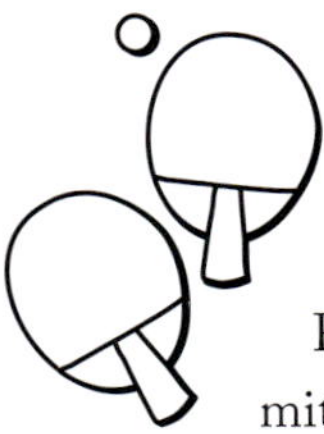

Für die Pausen zwischen den einzelnen Planscheinheiten gibt es eine große Liegewiese mit vielen schattigen Plätzen. Zusätzlich stehen für die Eltern oder ältere Geschwister Tischtennistische bereit. Bälle und Schläger muss man selbst mitbringen oder von anderen Besuchern ausborgen. Genauso wie eine Jause, denn Kantine hat das städtische Bad leider keine.

Die beste Zeit, um hierherzukommen, ist übrigens gleich nach der Öffnung um zehn Uhr morgens oder am späten Nachmittag. Denn über Mittag ist das Schwimmbad oft überfüllt, was vor allem für aufpassende Eltern schnell anstrengend wird.

TIPP: Sollte das Bad voll sein, kann man in die nur fünf Gehminuten vom Noppelbad entfernte Auster ausweichen. Die bietet mehr Platz und Spaß und Abwechslung für alle Altersklassen.

Adresse Gaswerkstraße 7, 8020 Graz // **ÖPNV** Straßenbahn 7, Haltestelle Eggenberger Allee // **Öffnungszeiten** Juni – Sept. bei schönem Wetter 10 – 18 Uhr // ab 1 Jahr

56_DER ÖAMTC VERKEHRSGARTEN

Halt! Vorfahrt gewähren!

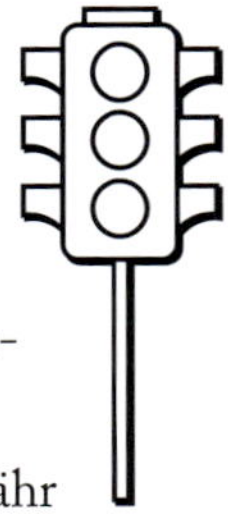

Fahrradfahren will gelernt sein. Die Regeln im Straßenverkehr aber auch. Selbst wenn man sie schon beherrscht, sollten sie immer wieder aufgefrischt werden. Unter anderem dafür ist der Verkehrsgarten des ÖAMTC da.

Auf einer Fläche von 2.500 Quadratmetern, was ungefähr einem halben Fußballfeld entspricht, kann man sicheres Verhalten im Straßenverkehr üben. Neben anderen Verkehrsteilnehmern – sollte gerade niemand anwesend sein, stellen sich bestimmt Mama, Papa oder andere Begleitpersonen als Fußgänger zur Verfügung – gibt es hier auch eine funktionierende Ampelanlage sowie alle notwendigen Bodenmarkierungen, denen man im Fahrrad-Alltag auf der Straße oder auf dem Radweg begegnet.

Übrigens werden hier auch die echten Fahrradprüfungen von der Polizei abgenommen. Hier zu üben ist also nicht verkehrt. Sanitäranlagen sind ebenso vorhanden wie eine Lufttankstelle. Denn hier und da kann es schon mal vorkommen, dass einem Reifen nach den vielen abgespulten Kilometern die Luft ausgeht. Sollte das einem selbst passieren, kann man sich alternativ auf den Sitzplätzen niederlassen, von denen aus es sich gut zusehen lässt. Denn auch beim Zuschauen kann man viel lernen.

Die Benutzung des Verkehrsgartens ist kostenlos. Man erreicht ihn gut mit öffentlichen Verkehrsmitteln. Sinnvoll ist es aber, gleich mit dem Fahrrad zu kommen. Es gibt einen Radweg, aber auch diverse Parkplätze, sollte man sich doch für die bequemere Pkw-Anreise entscheiden.

Adresse Alte Poststraße 161, 8020 Graz // **ÖPNV** Straßenbahn 1, 7, Haltestelle Waagner-Biro-Straße // **Öffnungszeiten** Mo–Fr 13–18 Uhr, Sa, So, Feiertage 9–18 Uhr // ab 4 Jahre

TIPP: Vom Verkehrsgarten sind es nur fünf Gehminuten in den neuen Stadtteil Reininghaus, der sich noch im Bau befindet und daher einer einzigen riesigen Baustelle gleicht.

57_DER OEVERSEEPARK

Mit dem Fahrrad über die Wackelbrücke

Ententeich, Basketballplatz, Beachvolleyballplatz und Kinderspielplatz – das klingt auf den ersten Blick nach einem tollen Park. Aber Moment! Ein zweites Mal hinsehen lohnt sich, denn erst dann wird einem klar, um was für einen großartigen Ort es sich beim Oeverseepark wirklich handelt.

Hier gibt es ein paar Spielgeräte der ganz besonderen Art. Oder kann jemand von sich behaupten, schon einmal mit dem Fahrrad über eine Brücke gefahren zu sein, die plötzlich einer Wippe ähnlich vornüberkippt? Gleich daneben steht ein Karussell, das man nur durch die Verlagerung des eigenen Körpergewichts in Bewegung setzen kann. Das ist fast ein bisschen wie Zauberei. Und noch etwas Besonderes hat der Park zu bieten: ein Balanciergerät, das, je nachdem, wo man sich befindet, plötzlich nachgibt. Gar nicht so einfach, aber auf jeden Fall eine tolle Übung für den Gleichgewichtssinn.

Fast schon langweilig wirkt dagegen der normale Kinderspielplatz, den es im Park natürlich auch gibt, mit Klettergeräten, Netzen, einer Sandkiste, einem Hexenhäuschen und allem, was sonst noch zu einem Spielplatz gehört. Wünsche lässt er keine offen. Außerdem ist er eingezäunt, schattig und sehr übersichtlich, was das Einfangen des einen oder anderen Rabauken auf jeden Fall erleichtert.

TIPP: Wem nach Entspannung zumute ist, der findet sie im kleinen Park der nahe gelegenen Postgarage. Dort gibt es Hängematten, die zum Verweilen einladen.

Adresse Albert-Schweitzer-Gasse 36a, 8020 Graz // ÖPNV Bus 31, 32, 33, 34, 40, Haltestelle Elisabethinergasse // Öffnungszeiten täglich rund um die Uhr // für jedes Alter

58_DIE ORANGERIE

Der Ort, an dem die Orangen überwintern

Man muss schon ein bisschen Energie mitbringen, wenn man sich vor dem Burgtor neben dem Café Promenade durch das schmiedeeiserne Tor wagt, denn direkt danach geht es steil bergauf.

Aber die Anstrengung lohnt sich. Oben angekommen, findet man sich in einer wunderschönen, überschaubaren Parkanlage wieder, dem Burggarten. Hier laden nicht nur schattige Plätze zum Verweilen ein, sondern man hat auch einen einzigartigen Blick über den Stadtpark, der einem buchstäblich zu Füßen liegt. Außerdem ist hier meist nicht so viel los. Ob das am steilen Weg liegt oder daran, dass der Park nicht so bekannt ist, ist nicht eindeutig geklärt. Fakt ist, dass es den Burggarten schon viel länger gibt als den 1872 entstandenen Stadtpark, denn Erzherzog Karl ließ ihn bereits 1568 als Lustgarten erbauen.

Ein paar Jahre später wurde das heutige Highlight errichtet: das Glashaus, in dem viele tropische Pflanzen, die der Erzherzog so schätzte, von nun an ihre Winter verbringen durften. Besonders Zitronen- und Orangenbäume sollen darunter gewesen sein – daher auch der Name Orangerie. Heute wird der Ort gern für diverse Veranstaltungen genutzt. Besonders die Terrasse eignet sich für Spiele aller Art, während die schattigen Grünflächen davor zum Picknicken einladen.

> **TIPP:** Wenn man sein Picknick vergessen hat, empfiehlt sich ein Besuch im Café Promenade am Fuß des Burggartens. Hier gibt es Tapas, leckere Mehlspeisen und guten Kakao.

Wer sich lieber auf Entdeckungsreise begibt, sollte immer der Nase nach gehen. Denn hinter der Orangerie liegt der Rosengarten des Burggärtners. Er besteht aus mehreren Gewächshäusern und Beeten mit den schönsten Rosensorten.

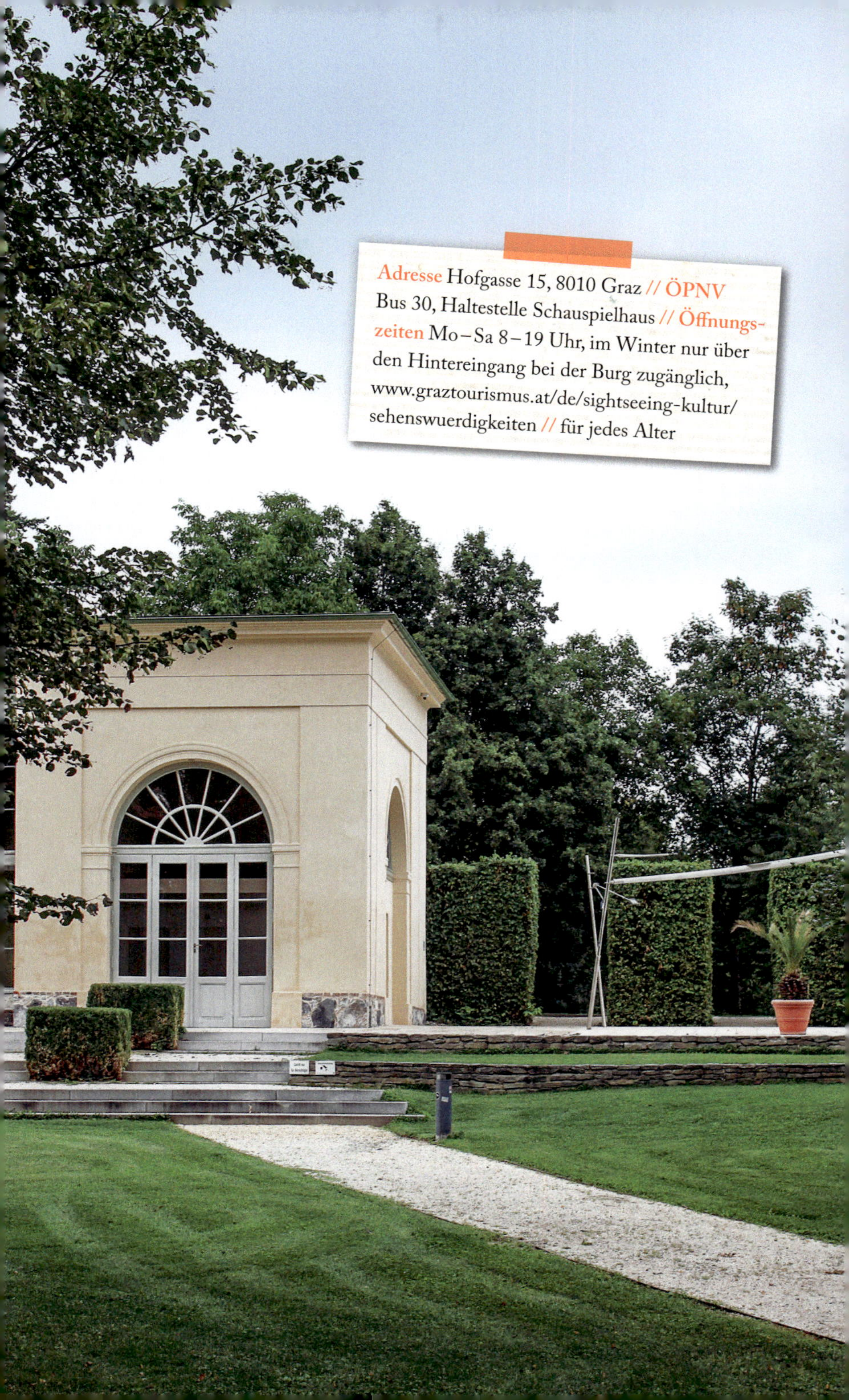

Adresse Hofgasse 15, 8010 Graz // ÖPNV Bus 30, Haltestelle Schauspielhaus // Öffnungszeiten Mo–Sa 8–19 Uhr, im Winter nur über den Hintereingang bei der Burg zugänglich, www.graztourismus.at/de/sightseeing-kultur/sehenswuerdigkeiten // für jedes Alter

59_DAS OUTDOOR-FITNESSSTUDIO

Trainieren unter freiem Himmel

Trainieren wie Arnold Schwarzenegger? Die meisten Fitnessstudios sind ja für Jugendliche unter 16 Jahren tabu. Allerdings gibt es ein kleines Hintertürchen, und dieses führt in den Augarten. Am besten gleich mit dem Lauf- oder Fahrrad, denn dann ist man bestens aufgewärmt und kann gleich mit dem Training loslegen. Stellt sich nur noch die Frage nach dem Wo und Wie.

Ein paar Meter von der Augartenbucht entfernt, am Zaun zum Augartenbad, gibt es einen Ort, der alle Sportlerherzen höherschlagen lässt: ein Outdoor-Fitnessstudio. Hier warten Beinpresse, Stepper, Fahrrad, Hantelstange, Balancierparcours und Co. darauf, benutzt zu werden. Auch Klimmzugstangen stehen zur Verfügung. Zugänglich ist das Fitnessstudio rund um die Uhr. Bei Wind und Wetter. Bei Regen oder Sonnenschein. Wenn man noch nicht ganz der Profi ist, ist das kein Problem. An den Geräten sind Tafeln angebracht, die deren Handhabung erklären. Außerdem sind meist andere (Profi-)Sportler da, von denen man sich den ein oder anderen Trick oder eine Übung abschauen kann.

Trainiert wird nur mit dem eigenen Körpergewicht und natürlich bloß, solange man Lust hat. Sollte man einmal kein Bedürfnis danach verspüren, sich selbst körperlich zu ertüchtigen, kann man auf der Wiese gegenüber Platz nehmen und sich beim Zusehen eine Portion Motivation für den nächsten Besuch holen.

TIPP: Wenn man nach dem Trainieren eine Abkühlung braucht, empfiehlt sich das Augartenbad, dessen Eingang nur wenige Meter murabwärts liegt.

Adresse Augarten, Ecke Neuholdaugasse/Steyrergasse, 8010 Graz // ÖPNV Bus 34, Haltestelle Augarten // Öffnungszeiten täglich rund um die Uhr // ab 8 Jahre

60_DAS PANORAMAFENSTER

Von parkenden Autos und fahrenden Einkaufswagen

Köttbullar mit Kartoffelpüree, mit dem Bobbycar durchs Geschäft düsen, und am Ende kommt man mit viel mehr Zeug wieder hinaus, als man eigentlich wollte – so kennen und lieben wir IKEA. Dabei ist das eigentlich Spannende – vor allem für kleine Kinder – gar nichts von alledem. Denn die haben einen ganz anderen Grund, das Einrichtungshaus so sehr zu mögen. Etwas, vor dem sie Stunden verbringen können, sofern Mama und Papa sie lassen: das Panoramafenster.

TIPP: Gleich neben IKEA befindet sich der Musterhauspark, wo man unterschiedliche Fertigteilhäuser aus der ganzen Welt sowohl von außen als auch von innen besichtigen kann.

Zu finden ist es im Restaurant-Sitzbereich im Obergeschoss gleich neben der Kinderspielecke, die übrigens auch nicht zu verachten ist, gegen das Fenster aber eindeutig den Kürzeren zieht. Denn von hier aus bietet sich ein Blick über den gesamten Parkplatz. Es fühlt sich fast ein bisschen so an, als läge einem die ganze Welt zu Füßen, wobei es sich eigentlich »nur« um Einkaufswagen und Autos handelt. Wie auch immer. Von hier aus kann man den Parkraum perfekt managen. Man sieht die freien Parkplätze sofort, kann die Autos dorthin dirigieren, Menschen mit den Einkaufswagen leiten und hat sogar einen Blick auf den Outdoor-Spielplatz.

Wenn man eine Pause vom Lotsen-Dasein braucht, die bestimmt auch gesetzlich vorgeschrieben ist, kann man diese bei Kinderpasta und Kuchen oder im Kinderspielbereich verbringen, ehe es kurze Zeit später schon wieder weitergeht mit dem Dirigieren.

Hier ist immer etwas los. Man muss nur ein bisschen Zeit einplanen. Aber das versteht sich beim Möbel-Schweden ja von selbst.

Adresse Weblinger Gürtel 31, 8054 Graz // ÖPNV Straßenbahn 5, Haltestelle Puntigam, dann Bus 65, Haltestelle IKEA // Öffnungszeiten Mo–Fr 9–19 Uhr, Sa 9–17.30 Uhr, www.ikea.com/at/de/stores/graz // ab 2 Jahre

61_DER PANTHERSPIELPLATZ

Spielen im Maul des Steirischen Panthers

Hoch oben auf dem Grazer Hausberg, dem Schloßberg, findet man neben viel Grün nicht nur die klassischen Sehenswürdigkeiten, die hier schon seit Jahrzehnten stehen, sondern auch neue Attraktionen. Wie zum Beispiel den Steirischen Panther aus Holz. Ein echtes Wahrzeichen der Steiermark, das nicht abschreckend auftritt, sondern rein der Bespaßung von Kindern dient.

Bei dieser Holzkonstruktion in Form eines Panthers handelt es sich nämlich um einen Spielplatz, einen Abenteuerspielplatz für Entdecker. Neben einer Kletterwand und einer klassischen Rutsche gibt es hier Highlights, die sonst auf keinem anderen Grazer Spielplatz zu finden sind: Ein Spiegelkabinett, ein Sprachrohr, Mikroskope und Fühlplatten laden dazu ein, einen etwas anderen Blick auf die Außenwelt zu werfen.

Der Spielplatz liegt übrigens etwas versteckt. Da er weder beschildert ist noch sich in der Nähe der Touristenmagneten befindet, ist es gut, zu wissen, dass man kurz vor dem Uhrturm in Richtung Weldenstraße abbiegen muss, um den hölzernen Panther kurz vor dem Welden-Denkmal zu finden. Dafür sind aber meist nur wenige andere Kinder da, und man kann in Ruhe alles erkunden.

Kleine Notiz am Rande: Der Spielplatz empfiehlt sich eher für ältere Kinder, da die Kletterstufen doch recht hoch sind und sich die Kleinen damit womöglich etwas schwertun.

TIPP: Auf dem Schloßberg sind auch Tiere willkommen. Ein paar Meter unterhalb des Panthers, gleich beim Franzosenkreuz, befinden sich ein Vogelhäuschen in Gestalt des Grazer Uhrturms sowie ein Insektenhotel.

Adresse Weldenstraße auf Höhe des Welden-Denkmals, 8010 Graz // **ÖPNV** Schloßberglift oder Schloßbergbahn, Haltestelle Schloßberg Bergstation // **Öffnungszeiten** Mo–Sa rund um die Uhr // ab 4 Jahre

62_DIE PFAUE IM SCHLOSSPARK

Zu Gast bei den Blaublütigen

Man muss sich schon etwas weiter in den Park von Schloss Eggenberg hineinwagen, denn mit Zaungästen geben sich die Pfaue des Schlossparks ungern ab. Sie lieben es geheimnisvoll. Und beobachten erst selbst, bevor sie sich zeigen. Wenn man es in ihre Nähe geschafft hat, muss man oft zweimal hinsehen, um sie tatsächlich zu entdecken. Unter der Baumkrone, auf dem Zaun oder im Burggraben – sie kennen die besten Verstecke. Logisch, schließlich nennen sie den Schlossgarten ihr Zuhause.

Wenn man Glück hat, lässt sich sogar einer von ihnen dazu herab, für ein Foto zu posieren. Aber das ist selten der Fall. Viel eher sitzen sie stundenlang da und schauen uns Menschen beim Posieren zu. Ganz so, wie es sich für Adelige gehört.

Dabei sind sie nicht das einzige Highlight, das es im Schlosspark zu bestaunen gibt. Hier lebt eine Vielzahl von Eichhörnchen, die gar nicht scheu, sondern recht handzahm sind. Man muss sie nur mit ein paar Nüssen locken. Oder zumindest so tun, als ob. Das funktioniert auch. Neugierig, wie sie sind, kommen sie, sofern man selbst ruhig bleibt, gern angehüpft.

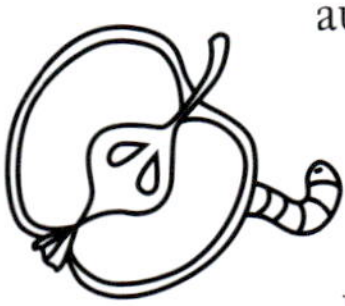

Auch der Park ist ein echtes Highlight und gilt manchen sogar als der schönste Park von ganz Graz. Aber am besten macht man sich selbst ein Bild von der englischen Parkanlage mit Picknickwiese, Rosengarten und Obstgarten mit sage und schreibe mehr als 50 Apfelsorten. Ob das tatsächlich stimmt, sei dahingestellt – gezählt haben wir diese nämlich noch nie.

TIPP: Im Norden des Parks gibt es einen neuen Spielplatz, der von Kindern entworfen wurde. Manchmal kommt sogar der ein oder andere Pfau zum Spielen vorbei.

Adresse Eggenberger Allee 90, 8020 Graz // **ÖPNV** Straßenbahn 1, Haltestelle Schloss Eggenberg; Straßenbahn 7, Haltestelle Franz-Steiner-Gasse // **Öffnungszeiten** Schlosspark: Nov.–März täglich 8–17 Uhr, April–Okt. täglich 8–19 Uhr, www.museum-joanneum.at/schloss-eggenberg-prunkraeume-und-gaerten/gaerten // für jedes Alter

63_ DIE PYRAMIDENRUTSCHE

Auf der höchsten und schnellsten Spielplatzrutsche

Eggenberg ist als eine ruhige Wohngegend mit vielen Einfamilienhäusern, einem Schwimmbad und dem Schloss bekannt, weniger jedoch für seine Spielplätze. Dabei sollte man, wenn es einen in die Gegend verschlagen hat, unbedingt danach Ausschau halten. Der Spielplatz »Junges Europa« an der Ecke Vinzenzgasse/Krausgasse zum Beispiel ist nicht nur riesengroß, sondern bietet neben den Standardspielgeräten wie Wippe, Sandkiste und Co. auch die höchste und schnellste Spielplatzrutsche der Stadt.

Auf einem Hügel steht der pyramidenförmige Rutschturm. Hat man die zehn Meter Höhe erst mal erklommen, darf man gern kurz innehalten und die Aussicht genießen, ehe es mit rasantem Tempo wieder in die Tiefe geht. Die Rutsche hat es in sich und ist mit Sicherheit nichts für schwache Nerven. Denn je nach Gewichtsklasse muss man unten schon ganz schön aufpassen, um nicht über den Auslauf hinauszuschießen.

Angst haben müssen Eltern aber nicht, wenn sie dem Nachwuchs beim Klettern und Rutschen zusehen. Denn das Leitersystem macht es einem schier unmöglich, in die Tiefe zu fallen, und die Rutsche selbst ist eine Röhrenrutsche. Und sollte ein Kind tatsächlich am Auslauf etwas über das Ziel hinausschießen, landet es in der weichen Wiese.

Übrigens ist das Rutschen auch Erwachsenen erlaubt. Alle Spielgeräte auf den Grazer Spielplätzen sind für die maximale Belastungsgrenze ausgelegt. Also: Kind als Alibi schnappen und nichts wie los zum Rutschvergnügen!

Adresse Ecke Vinzenzgasse/Krausgasse, 8020 Graz // **ÖPNV** Straßenbahn 7, Haltestelle Eggenberger Allee; Straßenbahn 1, Haltestelle Vinzenzgasse // **Öffnungszeiten** täglich rund um die Uhr // ab 2 Jahre

TIPP: Einen weiteren tollen Spielplatz findet man in der Nähe des Hauptbahnhofs, nur 15 Gehminuten entfernt auf der sogenannten Konsumwiese.

64_DER PYTHAGORASBAUM

$a^2 + b^2 = c^2$

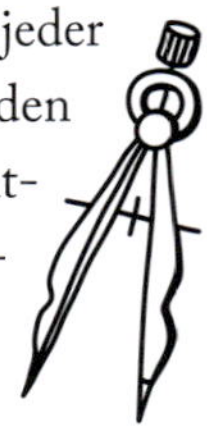

Den Satz des Pythagoras mit der berühmten Formel lernt wohl jeder während seiner schulischen Laufbahn. Aber die wenigsten werden wissen, dass man damit nicht nur die Seitenlängen eines rechtwinkligen Dreiecks berechnen, sondern sogar ganze Bäume erschaffen kann. Einer davon steht im kunstGarten Graz. In wunderschön leuchtendem Rot und ganz schön groß.

Doch was ist das eigentlich, ein Pythagorasbaum? Auf ein Quadrat werden im rechten Winkel zwei weitere kleinere Quadrate angeordnet. Und darauf wieder. Und wieder. Und wieder. Dadurch entsteht ein sogenanntes Fraktal in Baumform. Klingt irgendwie kompliziert, muss man daher gesehen haben.

Wer es mit der Mathematik nicht so hat, muss nicht verzweifeln. Hier im kunstGarten, einer Initiative, die Natur und Kunst miteinander verbindet und erlebbar macht, gibt es noch viele andere Kunstwerke zu bestaunen, die mit mathematischen Formeln gar nichts zu tun haben. Ein Pflanzenarchiv historischer Rosen findet man hier genauso wie historisches Gartenwerkzeug oder eine Bibliothek mit Gartenbüchern aus fünf Jahrhunderten. Und das alles in Form eines Open-Air-Museums, wunderschön in einen Garten integriert.

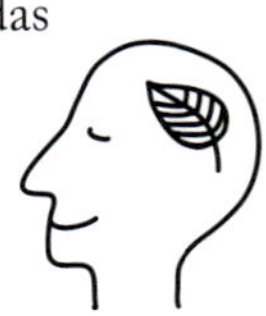

Eines ist dabei garantiert: Auch nach mehreren Besuchen hat man noch längst nicht alles entdeckt. Und selbst wenn, lädt der Garten immer wieder zum Träumen, Verweilen und Seele-baumeln-Lassen ein. Ganz egal, wie oft man schon hier gewesen ist.

TIPP: Im Grazer Skulpturenpark vor den Toren der Stadt findet man weitere kuriose Kunstwerke. Manche von ihnen ähneln dem Pythagorasbaum.

Adresse Payer-Weyprecht-Straße 27, 8020 Graz // ÖPNV Bus 39, Haltestelle Payer-Weyprecht-Straße // Öffnungszeiten Fr, Sa 15.30–19 Uhr und auf Anfrage unter Tel. 0316/262787 // für jedes Alter

65_DIE RETTENBACHKLAMM

Wandern durch die Schlucht

Wer behauptet, dass man zum Wandern in das Grazer Umland fahren muss, irrt. Denn auch im Grazer Stadtgebiet gibt es einige schöne Wanderrouten. Eine führt durch die Rettenbachklamm.

Man muss nur mit der Straßenbahnlinie 1 bis zur Haltestelle Waldhof fahren und von dort zu Fuß den Radweg entlanggehen, bis man zum Steingrabenweg gelangt, an dessen Ende sich der Einstieg zur Klamm befindet. Bis dahin sind es circa 15 Minuten Fußmarsch. Es gibt dort kaum Parkplätze, weshalb sich diese Art der Anreise anbietet. Die Klamm selbst hat man dann in gut 30 Minuten durchwandert. Dazu sind aber auf jeden Fall festes Schuhwerk und Trittsicherheit erforderlich, denn der Boden kann je nach Wetterlage rutschig sein.

Auch wenn man sich eigentlich noch im Stadtgebiet befindet, fühlt man sich hier, als wäre man in einer anderen Welt, in einem kleinen Naturjuwel. Der Weg führt über Brücken und Stege, vorbei an Wasserfällen, die die Klamm im Sommer angenehm kühlen. Neben den vielen üppigen Pflanzen haben auch Fledermäuse, Flusskrebse und Wiesel die Klamm zu ihrem Wohnort auserkoren. Mit viel Glück kann man einen der Bewohner entdecken.

TIPP: Graz hat viele schöne Familienwanderwege. Einer davon beginnt bei der Basilika in Mariatrost und führt vier Kilometer durch den Leechwald bis zum Hilmteich.

Hat man die Klamm durchwandert und ist an ihrem nördlichen Ende angelangt, hat man noch ungefähr 15 Minuten Fußweg vor sich, um sich langsam wieder an die Stadt zu gewöhnen, ehe es von der Endstation der Linie 1 dann wieder mit der Straßenbahn nach Hause geht.

Adresse Rabensteinersteig, 8044 Graz // ÖPNV Straßenbahn 1, Haltestelle Waldhof, von dort zu Fuß bis zum Ende des Steingrabenwegs // Öffnungszeiten täglich rund um die Uhr // ab 5 Jahre

66_DIE RODELWIESE

Rodeln in der Großstadt

Wenn die ersten Schneeflocken vom Himmel fallen und Graz unter einer weißen Decke verschwindet, dann kann man seine Kinder kaum noch in der Wohnung halten. Denn erstens schneit es in Graz nicht allzu oft, und zweitens möchte man zu den Ersten gehören, die frische Spuren im Schnee hinterlassen.

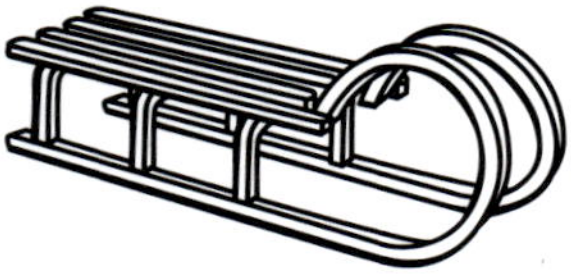

Doch spätestens nachdem der erste Schneemann gebaut und die erste Schneeballschlacht geschlagen ist, muss man sich nach weiteren Aktivitäten umsehen. Der Schnee muss schließlich so richtig ausgekostet werden.

Dabei kommt meist der Wunsch nach einer kleinen, aber feinen Rodelpartie auf. Doch wo? Der Schloßberg ist zu steil, in der Sporgasse sind zu viele Menschen und im Stadtpark findet sich kein geeigneter Hügel. Deswegen empfiehlt es sich, die Rodel einzupacken und entweder ins Auto zu steigen oder in den Bus mit der Nummer 33, um zur Bründelwiese zu fahren. Denn sie beziehungsweise der Hochwasserwall davor eignet sich bestens, um die Rodel oder den Bob sausen zu lassen.

TIPP: Gegenüber der Rodelwiese liegt etwas versteckt ein Haus, das so aussieht, als wäre es aus vielen bunten Legosteinen erbaut worden.

Passieren kann dabei nicht viel, die Wiese ist nämlich weder zu steil, noch ist zu viel los. Perfekt also, um die ersten Versuche zu wagen. Hier ist weit und breit nichts, in das man hineinkrachen könnte. Außerdem steigt die Wiese, nachdem man unten angekommen ist, erneut leicht an, ähnlich wie der Auslauf einer Skisprungschanze. Jetzt muss es nur wieder einmal schneien in Graz ...

Adresse Krottendorfer Straße 149, 8054 Graz // **ÖPNV** Bus 33, Haltestelle Alt-Grottenhof // **Öffnungszeiten** im Winter rund um die Uhr // für jedes Alter

67_DER ROSENGARTEN

Von Bienen und Blumen

Ja, Rosen kennt jeder. Aber wer weiß schon, dass es weltweit mehr als 30.000 unterschiedliche Sorten gibt? Eine beachtliche Anzahl. 1.600 von ihnen kann man in Graz bewundern, und zwar im Gärtnereibetrieb »GiovannisGarden« am Messendorfberg.

Dieser »Garten« bietet wesentlich mehr als nur Rosen in allen erdenklichen Farben und Variationen. Als botanischer Schaugarten ist er ein kreativer Ort zum Entspannen und Entdecken. Hier wächst nicht alles in Reih und Glied, sondern darf auch wild wuchern. Dazwischen finden sich immer wieder Kunstobjekte, zum Beispiel ein Pfauenthron. Man muss nur die Augen offen halten und genau hinsehen. Es gibt drei große Teilbereiche: den Kreativgarten mit Labyrinth und Rosensammlung, die mystische Passage und an deren Ende den Wildgarten. Dort befinden sich ein Gemüsegarten, ein Bienengarten und ein Garten zum Meditieren. In den vielen Schaubeeten erfährt man Wissenswertes über die Geschichte der Rosen.

Von Ende Mai bis Anfang Juli ist Rosenzeit oder, wie es in GiovannisGarden auch heißt, die fünfte Jahreszeit. Morgens und abends versprühen die Rosen ihren besonderen Duft am intensivsten. Und diesen behält man noch lange danach in der Nase. Das Angreifen der schönen Blumen ist übrigens nicht zu empfehlen, denn so schön diese auch sind – es handelt sich dabei immer noch um Rosen. Und die haben bekanntlich Dornen.

Adresse Messendorfberg 48, 8042 Graz // ÖPNV Bus 68, Haltestelle Messendorfberg, von dort circa 1 Kilometer Fußweg, keine Parkplätze vor Ort // Öffnungszeiten siehe www.giovannisgarden.at // für jedes Alter

TIPP: Ein paar Hausnummern weiter stößt man auf den Grazer Urwald, einen seit 100 Jahren unberührten Fleck Natur (siehe Ort 31).

68_DER ROSSHARNISCH

Die größte Waffenkammer der Welt

Auch wenn das Mittelalter mit seinen Geschichten um Ritter und Burgfräulein schon längst Geschichte ist, gibt es in der Stadt einen Ort, an dem die Erinnerung daran weiterlebt – und zwar das Zeughaus.

Das Landeszeughaus in der Herrengasse ist die größte historische Waffenkammer der Welt und beinhaltet mehr als 32.000 Ausstellungsstücke. Darunter sind diverse Waffen aus der Zeit vom 15. bis zum 18. Jahrhundert, einfache Ritterhelme, Kettenhemden und prunkvolle Ritterrüstungen. Manche davon gibt es sogar in richtig kleinen Größen, sodass man im ersten Moment vermuten könnte, dass damals sogar Kinder in die Schlacht ziehen mussten. Doch keine Angst, diese waren nicht für Kinder bestimmt, sondern viele der Männer waren anno dazumal einfach nicht größer, als es heute Kinder sind.

Ein Exponat sticht besonders hervor: ein vollständiger Rossharnisch aus dem 16. Jahrhundert, eine Ritterrüstung für Pferde. Mit über 42 Kilogramm definitiv kein Leichtgewicht, wenn man bedenkt, dass das Pferd neben der Rüstung auch noch einen Ritter in voller Montur tragen musste! Wie auch immer – fest steht, dass dieser Harnisch ganz schön beeindruckend ist.

Neben normalen Rundgängen bietet das Zeughaus jeden Sonntag von 15 bis 16 Uhr Führungen für Groß und Klein an, die sich speziell an die Bedürfnisse von Kindern richten.

Adresse Herrengasse 16, 8010 Graz // **ÖPNV** alle Busse und Straßenbahnen, Haltestelle Haupt- oder Jakominiplatz // **Öffnungszeiten** 1. Nov. 2022–31. März 2023 Di–So, Feiertage, nur mit Führung, 1. April–31. Okt. 2023 Di–So, Feiertage 10–18 Uhr, ohne Führung, 1.–30. Nov. 2023 Di–So, Feiertage, nur mit Führung, 1. Dez. 2023–31. März 2024 Di–So, Feiertage 11 und 14 Uhr, ohne Führung zugänglich // ab 3 Jahre

TIPP: An der Fassade des Hauses in der Herrengasse/Ecke Jungferngasse befindet sich auf Höhe des ersten Stocks eine Ritterstatue mit goldenem Helm und Schwert.

69_DIE RUDOLFSWARTE

Steil hinauf

Wer behauptet, dass man zum Wandern in die weite Ferne oder zumindest in die Alpen reisen muss, der irrt gewaltig. Denn rund um Graz findet man eine Vielzahl schöner Wanderrouten, die auch mit Kindern zu schaffen sind und auf denen es viel zu sehen und zu erleben gibt. Wie zum Beispiel den Wanderweg 7c zur Kronprinz-Rudolf-Warte, kurz Rudolfswarte genannt.

Zugegeben: Es gibt leichter zu bewältigende Gipfel in Graz. Aber der Aufstieg lohnt sich. Zum einen, weil man durch einen wunderschönen Buchenwald wandert. Zum anderen, weil die elf Meter hohe Warte mit ihrer tollen Aussicht alle Strapazen wettmacht.

Die Kronprinz-Rudolf-Gloriette, wie sie ursprünglich hieß, wurde im Jahr 1879 auf dem 659 Meter hohen Buchkogel komplett aus Metall errichtet und bietet eine tolle Aussicht auf die Bezirke Wetzelsdorf, Straßgang und Eggenberg im Grazer Südwesten. Benannt wurde die Warte nach dem damaligen österreichischen Thronfolger, der Graz beziehungsweise den Buchkogel jedoch nie zu Gesicht bekommen hat.

Um zur Warte zu gelangen, gibt es zwei Möglichkeiten. Einmal mit dem Bus (Linie 31 oder 62) bis zur Haltestelle Ankerstraße. Von dort nimmt man die Martinhofstraße bis zum St. Martin Steig, von dem dann der Oarcherlsteig zur Warte führt. Oder man fährt über den Mantscha-Wald-Weg direkt mit dem Auto zum Gasthof Orthacker. Von dort sind es nur noch wenige Meter bis zum Aussichtsturm. Achtung: Die erste Variante ist nicht für Kinderwagen geeignet!

Adresse Buchkogel, 8054 Graz // ÖPNV Bus 31, 62, Haltestelle Ankerstraße, von dort etwa 15 Minuten bis zum Beginn des Wanderweges // Öffnungszeiten täglich rund um die Uhr // ab 4 Jahre

TIPP: Hinter der Rudolfswarte in Richtung Gasthof Orthacker befindet sich die Aussichtsplattform »Schau West«, von der aus man einen wunderbaren Blick über große Teile der Weststeiermark hat.

70_DER SCHLAFENDE RITTER

Ein Bett hoch über den Dächern

Manchmal lohnt sich ein Perspektivenwechsel. Ein kleiner Blick genügt, und schon tun sich neue Welten auf. So auch in der Herrengasse. Wenn man sich auf Höhe des Zeughauses auf die gegenüberliegende Straßenseite stellt und einen Blick zum Dach oder besser gesagt auf eine der Dachgauben riskiert, dann sieht man ihn, den schlafenden Ritter. Allerdings muss man schon genau schauen. Oder gleich ein Fernglas mitbringen. Denn wenn man ihn zum ersten Mal sucht und noch nicht weiß, wo man ihn findet, tut man sich damit leichter.

Schon seit 2011 liegt er hier in luftiger Höhe und schläft ungestört vom regen Treiben, welches vor allem tagsüber in der Herrengasse herrscht. Warum er sich ausgerechnet hier zum Schlafen hingelegt hat, ist nicht ganz klar, mangelt es ihm doch offensichtlich an Bequemlichkeit. Klar hingegen ist, dass dieses Kunstprojekt vom Künstler Nasan Tur anlässlich des 200-jährigen Bestehens des Universalmuseums Joanneum auf dem Dach des Zeughauses installiert wurde.

Gedacht hat sich der Künstler, der mit seinen Arbeiten gern bestehende Machtstrukturen in Frage stellt, selbstverständlich auch etwas dabei: Die Figur, die bis auf Helm und Brustpanzer nackt ist, soll Anonymität und Schutzlosigkeit symbolisieren. Dadurch, dass sie schläft, könnte sie jederzeit einem Angriff ausgeliefert sein, gleichzeitig schreckt sie durch ihre Präsenz Feinde ab und schützt so die Stadt vor möglichen Angriffen. Ob das heute noch notwendig ist, ist zwar zu bezweifeln, interessant ist seine Geschichte aber dennoch.

TIPP: Im Foyer des Landeszeughauses steht ein zweiter unbekannter Ritter, der nur mit einem Helm bekleidet das Gebäude beschützt.

Adresse Herrengasse 16, 8010 Graz // ÖPNV Bus 30, 31, 31E, 32, 33, 34, 34E, 35, 39, 40, 60, 67E und alle Straßenbahnen, Haltestelle Jakominiplatz; alle Straßenbahnen, Haltestelle Hauptplatz // Öffnungszeiten täglich rund um die Uhr // ab 2 Jahre

71_DER SCHLANGEN-UNTERSCHLUPF

Die Villen der Würfelnattern

Wer ab und an über die Murpromenade spaziert, dem sind vielleicht schon einmal jene Gesellen begegnet, die zwar anders aussehen, aber im Großen und Ganzen doch recht viel mit uns Menschen gemeinsam haben. Sie lassen sich zum Beispiel mindestens genauso gern die Sonne auf die Haut scheinen, und sie leben gern direkt am Wasser, in diesem Fall an der Mur.

Richtig geraten: Hier geht es um Schlangen oder besser gesagt um Würfelnattern, eine der wenigen Schlangengattungen, die in Graz heimisch sind. Aber die sollen nicht die Hauptakteure dieses Kapitels sein, sondern ihre Behausungen. Vielleicht sind dem ein oder anderen ja schon einmal die Steinhaufen aufgefallen, die man entlang der Mur in unregelmäßigen Abständen erspähen kann.

Diese sind – auch wenn sie auf den ersten Blick unspektakulär erscheinen – tatsächlich von Menschenhand geschaffene »Villen« für die oben genannten Kriechtiere. Schlangenfeinde werden an dieser Stelle bestimmt aufschreien und fragen, ob das denn tatsächlich nötig sei, ihnen Häuser zur Verfügung zu stellen. Ist es. Man muss wissen, dass die Würfelnatter zu den gefährdeten Tierarten zählt. Diverse Bauprojekte an der Mur machen es ihr schier unmöglich, sich niederzulassen und sich wohlzufühlen.

Kinder finden die Steinhaufen meist faszinierend und können ewig vor ihnen warten, um eine der Schlangen zu Gesicht zu bekommen. Die Chance, eine zu erblicken, ist in den Sommermonaten vormittags am größten.

TIPP: Auf der linken Seite der Murpromenade gibt es ein Bootshaus mit Tribüne, wo man es sich gemütlich machen und den vielen Wassersportlern zusehen kann.

Adresse Murpromenade (beidseitig), ab der Hauptbrücke flussabwärts, 8010 Graz // **ÖPNV** Straßenbahn 1, 4, 6, 7, Haltestelle Südtiroler Platz // **Öffnungszeiten** jederzeit // für jedes Alter

72_DER SCHLOSSBERGLIFT

In wenigen Sekunden durch den Berg

Tunnel sind zumindest heutzutage nicht mehr besonders spektakulär, kommen sie in Österreich doch recht häufig vor. Da ist eine Tunnelröhre, die mitten im Berg senkrecht nach oben führt, schon etwas beeindruckender. Noch dazu, wenn sie von gläsernen Liftkabinen befahren wird, in die man selbst einsteigen kann.

Der Schloßberglift wurde im Jahr 2000 im vorhandenen Stollensystem aus dem Zweiten Weltkrieg nach den Entwürfen des Architekten Reiner Schmid erbaut und bewegt sich inmitten eines durch den ganzen Schloßberg getriebenen Schachts in luftige Höhen. Genau genommen geht es 77 Meter senkrecht bergauf. Und das in gerade einmal 30 Sekunden. Ähnlich schnell geht es nur mit der Schloßbergrutsche, allerdings in die entgegengesetzte Richtung.

Schwindelfrei sollte man auf jeden Fall sein, wenn man den Lift benutzen möchte. Denn dank der Glaskabinen kann man sich während der Fahrt das Innere des Berges, das mit unterschiedlichen Farben beleuchtet wird, genauer anschauen. Und wenn man sich traut, kann man sogar einen Blick nach unten oder oben wagen.

Die Bergstation liegt in der Nähe des Uhrturms. Ein idealer Ausgangspunkt also, um erholt einen kleinen Sightseeing-Rundgang zu starten. Von hier aus hat man auch einen der schönsten Ausblicke über die Grazer Dächerlandschaft. Eine Fahrt hinauf lohnt sich.

Adresse Schloßbergplatz, 8010 Graz // ÖPNV Straßenbahn 3, 5, Haltestelle Murinsel/Graz Museum // Öffnungszeiten täglich 8–0.30 Uhr // für jedes Alter

TIPP: Den besten Ausblick vom Schloßberg hat man übrigens am Fuß der Kanonenbastei. Hier ist man meistens ungestört.

73_DIE SCHLOSSBERG-RUTSCHE

Die größte Indoor-Rutsche der Welt

Es ist schon verrückt, mit einem Lift durch einen Berg zu fahren. Verrückter ist es, durch einen Berg zu rutschen. Noch dazu auf der größten Indoor-Rutsche der Welt! Das haben wohl noch nicht so viele gemacht.

Gleich vorneweg: Die Schloßbergrutsche ist definitiv nichts für schwache Nerven, sondern nur etwas für Furchtlose. Denn nach einer an sich schon spektakulären Liftfahrt nach oben geht es alsbald wieder rasant in die Tiefe. Auf einer Länge von 175 Metern rutscht man in 40 Sekunden mit einer Geschwindigkeit von bis zu 30 Stundenkilometern ganze 64 Meter runter. Da kann einem schon mal angst und bange werden. Muss es aber nicht, denn die Rutsche ist eine geschlossene Röhre, rausfallen kann man also nicht. Und auch sonst kann nichts passieren.

Achtung, die Rutsche birgt ein großes Suchtpotenzial. Man kommt unten mit wabbeligen Beinen an, spürt das Adrenalin durch den Körper jagen und möchte am liebsten noch einmal rutschen – oder am besten gleich noch zweimal.

Das eigentliche Highlight kommt aber erst ein wenig später. Ein paar Meter nach dem Rutschenauslauf steht nämlich ein Automat, der die besten Fotos der Rutschpartie ausspuckt. Lacher sind vorprogrammiert, auch wenn man sich insgeheim fragt, woher denn der verzwickte Gesichtsausdruck kommt, den man bei sich selbst entdeckt.

> **TIPP:** Direkt neben der Rutsche befindet sich der Schloßbergstollen. Eine Durchquerung lohnt sich, denn dort gibt es wechselnde Kunstinstallationen zu bestaunen.

Adresse Schloßbergplatz 1, 8010 Graz // **ÖPNV** Straßenbahn 3, 5, Haltestelle Murinsel // **Öffnungszeiten** täglich 10–20 Uhr // ab circa 8 Jahre, Mindestkörpergröße 130 Zentimeter

74_DAS SCHLÜSSELMUSEUM

Eine Hommage an die Helden unseres Alltags

Der Schlüssel ist ein Alltagsgegenstand, den man jeden Tag mehr als nur einmal in der Hand hat. Ohne ihn ist man ganz schön aufgeschmissen. Das hat sich auch Hans Schell gedacht und ihm zu Ehren gleich ein ganzes Museum errichtet.

Im Schlüsselmuseum dreht sich – wie der Name schon vermuten lässt – alles um Schlüssel. Wer jetzt denkt, dass das gar nicht so spannend sein kann, irrt. Und zwar gewaltig.

Auf einer Fläche von 2.500 Quadratmetern gibt es neben einer außerordentlichen Sammlung an Schlüsseln – die ältesten reichen bis in die Keltenzeit zurück – auch die dazugehörigen Schlösser sowie diverse andere verschließbare Objekte zu bewundern. Neben Truhen und Kästchen kann man Handschellen, Tresore und in Alltagsgegenständen versteckte Geheimfächer entdecken, zum Beispiel in einem Sekretär, einem Schreibtisch aus der Biedermeierzeit, der auch mindestens ein Geheimfach hatte.

Eine der Kinderführungen zu besuchen lohnt sich ganz besonders. Dabei erfährt man spannende Fakten über Schlösser und die dazugehörigen Schlüssel. Darüber hinaus dürfen Kinder Forscher spielen und sich, ausgestattet mit weißen Handschuhen, auf Entdeckungstour durch das Museum begeben. An diversen Stationen dürfen sie dabei sogar selbst Hand anlegen, müssen den passenden Schlüssel identifizieren oder können sich am Öffnen von so manchem Geheimfach versuchen. So viel gleich vorneweg: Das ist gar nicht so einfach, wie es klingt!

TIPP: Im benachbarten Lendhotel kann man echtes schwedisches Smørrebrød genießen.

Adresse Wiener Straße 10, 8020 Graz // ÖPNV Bus 40, 67, Haltestelle Lendplatz // Öffnungszeiten Mo, Di, Do, Fr 8.30–16.30 Uhr, Mi 8.30–18.30 Uhr // ab 5 Jahre

TOM LOHNER
FEAT.
STEFAN EHRENREICH

75_DIE SCHÖNSTE SPIELECKE

Das vegetarische Kinderspielparadies

Die meisten Grazer verbinden das »Mangolds« noch mit Hirselaibchen und Bananenschnitte, zwei Klassikern, die man hier im Lokal seit mittlerweile mehr als 30 Jahren bekommt. Wer angesichts der vielen Jahre, die diese Institution schon auf dem Buckel hat, ein angestaubtes Image erwartet, wird an dieser Stelle eines Besseren belehrt. Denn mittlerweile ist das Lokal richtig hip. Neben den bekannten Klassikern aus der Kindheit werden sogar vegane Burger, Bowls und orientalisch angehauchte Speisen aufgetischt. Und ganz unter uns: Das Salatbuffet ist der Wahnsinn. Letzteres sehen Kinder wahrscheinlich ein kleines bisschen anders. Aber die haben ihre Augen hier sowieso nicht beim Essen, sondern in der Spielecke. Stilecht ausgestattet mit Kinderküche und Co., bietet diese alles, was das Kinderherz begehrt. Bücher, Autos und Puppen warten auf die kleinen Gäste. Meistens finden sich auch schnell einige Spielgefährten, sodass Mama und Papa in Ruhe ihr Mittagessen genießen oder mit Freunden bei Kaffee und Kuchen tratschen können.

Doch die Spielecke ist noch nicht alles. Das eigentliche Highlight befindet sich kurz vor dem Ausgang: die Tablettrückgabe. Hier könnte man Stunden stehen und dabei zusehen, wie gebrauchtes Geschirr plötzlich in der Wand verschwindet.

Sollte sich nach dem vielen Spielen doch noch der Hunger melden: Die meisten Speisen holt man sich am Buffet. Das heißt, dass jeder noch so kritische kleine Gourmet etwas finden sollte. Immerhin gibt es hier sogar Mehlspeisen!

Adresse Griesgasse 11, 8020 Graz // ÖPNV Straßenbahn 1, 4, 6, 7, Haltestelle Südtiroler Platz // Öffnungszeiten Mo–Fr 11.30–18 Uhr, Sa 11.30–16 Uhr // ab 1 Jahr

TIPP: Von hier ist es nicht weit zur Murpromenade, wo man die eben gewonnene Energie bei einer Runde mit dem Laufrad wieder loswerden kann.

76_DER SILBERMETEORIT

Das Ufo ist gelandet

Wenn man durch St. Peter flaniert, dann spürt man schon von Weitem die Anziehungskraft, die von dem silbernen Meteoriten im ORF-Park ausgeht, der im Jahr 1981 von Emil Breisach geschaffen wurde. Oder handelt es sich doch um ein Ufo, mit dem Außerirdische zur Erde gelangt sind?

Diese Frage gilt es zu klären. Fangen wir am besten gleich beim ORF-Landesstudio an. Dieses vom Architekten Gustav Peichl entworfene Gebäude polarisiert. Entweder man liebt es, oder man hasst es. Für die einen gleicht es einem unbekannten Flugobjekt, für die anderen ist es eine Bausünde. Über Geschmack lässt sich ja bekanntlich streiten. Übrigens sehen mit Ausnahme des Landesstudios Wien alle Landesstudios identisch aus.

Vielleicht liefert die Satellitenschüssel mit dem eingefrorenen Testbild, die gleich neben dem Haupteingang steht, Hinweise auf Außerirdische. Ob man damit mit den Außerirdischen telefonieren und Kontakt aufnehmen kann?

Tja, wenn sich keiner meldet und man seine Gedanken neu sortieren möchte, dann bietet sich der Spielplatz im ORF-Park an. Dieser ist richtig groß. Mit seinen vielen Klettersteinen und Hügeln und der Seilrutsche neben den üblichen Standardspielgeräten lässt es sich hier sehr gut toben, sodass man am Ende sogar vergessen könnte, warum man eigentlich hier ist. Muss die Frage mit den Ufos und den Außerirdischen beim nächsten Besuch geklärt werden.

Adresse Harmsdorfgasse 68, 8042 Graz // ÖPNV Bus 64, Haltestelle ORF-Zentrum // Öffnungszeiten täglich rund um die Uhr // für jedes Alter

TIPP: In der Petri-
felderstraße, zehn Minuten
Fußweg entfernt, gibt es eine
Charly-Temmel-Eis-Filiale
mit einer riesigen Auswahl
an Eissorten.

77_DER SKATEPARK

Skaten wie die Profis

Banks, Quarters, Bowls, Rails, Hips und Halfpipes – was sich im ersten Moment nach Körperteilen anhört, sind Begriffe aus dem Skater-Alltag. Keine Angst: Wer damit nichts anfangen kann, kann sich im größten Skatepark der Stadt, dem Skatepark Grünanger, damit vertraut machen.

Dazu muss man kein Profi sein, denn jeder fängt einmal klein an. Ausgerüstet mit Skateboard, Knieschützern, Helm und einer Portion Mut kann es auch schon losgehen. Wer sich noch nicht gleich über Hindernisse traut, macht am besten daneben seine ersten Fahrversuche und übt auf dem flachen Asphalt.

Das Schönste dabei: Ganz egal, zu welcher Tageszeit, egal, ob Sommer oder Winter – hier ist immer etwas los. Und die meisten Skater sind äußerst hilfsbereit. Das Miteinander wird hier großgeschrieben. Heißt also, dass man gern bereit ist, Anfängern mit Tipps und Tricks bei den ersten Fahrversuchen zur Seite zu stehen und sie zu unterstützen. Man muss nur fragen.

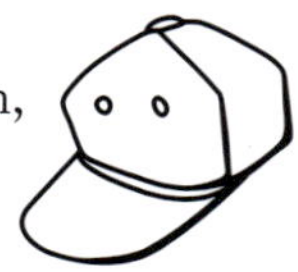

Sollte man sich nicht selbst im Fahren üben wollen, zahlt sich ein Besuch im Skatepark trotzdem aus: Es macht riesengroßen Spaß, bei einem kleinen Picknick den Profis dabei zuzusehen, wie sie sich waghalsig in die Bowls stürzen, um mit spektakulären Sprüngen auf der anderen Seite wieder herauszukommen. Außerdem finden hier auch immer wieder Amateur-Wettbewerbe statt, die Skater aus der ganzen Welt anziehen.

TIPP: Wenige Schritte von hier entfernt, an der Mur, liegt eine neu angelegte Bucht, an der man die Füße ins Wasser tauchen, Steine in den Fluss werfen und die Seele baumeln lassen kann.

Adresse Angergasse 78, 8041 Graz // ÖPNV Bus 34, Haltestelle Dr.-Plochl-Straße // Öffnungszeiten täglich rund um die Uhr // ab 5 Jahre

78_DER SONNENBRILLEN-AUTOMAT

Wenn es die Sonne wieder einmal in sich hat

Vom Kaugummiautomaten über den Spielzeugautomaten bis hin zum Getränkeautomaten – Automaten gibt es in Graz viele. In der heutigen Zeit sind diese nichts Besonderes mehr. Wäre da nicht dieser eine versteckte Automat, an dem man sich Sonnenbrillen ziehen kann. Ja, richtig gelesen. Hier kann man tatsächlich Sonnenbrillen kaufen. Und das für relativ wenig Geld.

Für gerade einmal vier Euro in jeweils zwei Zwei-Euro-Münzen kann man zwischen skurrilen – von Neonpink bis hin zur Oversized-Blumenform in Gelb ist alles dabei – und weniger skurrilen Modellen wählen. Man muss sich nur manchmal in Erinnerung rufen, dass der Sinn für Ästhetik eben Ansichtssache ist und eventuell beide Augen zudrücken, wenn die Wahl des Nachwuchses doch auf das in Giftgrün gehaltene Herzmodell fällt.

Wäre nur noch zu klären, wo sie eigentlich steht, diese außergewöhnliche Apparatur. Zentraler, als man vermuten könnte. In der Murgasse, um genau zu sein. Ziemlich in der Mitte, vor dem einzigen Optikergeschäft. Irgendwie logisch. Oder auch nicht. Aber es kann ja sein, dass man auch außerhalb der Öffnungszeiten plötzlich etwas braucht, um seine Augen vor den Sonnenstrahlen oder bösen Blicken zu schützen.

Wie auch immer: Öfter vorbeikommen lohnt sich. Denn das Sortiment wechselt fast wöchentlich. Sollte man mit seiner Wahl doch nicht so zufrieden sein ...

TIPP: Gleich daneben steht ein Kaugummiautomat. Hier bekommt man Kaugummis in Augenform. Falls einmal keine Sonnenbrille gefällt, holt man sich eben ein neues Paar Augen.

Adresse Murgasse 8, 8010 Graz // **ÖPNV** alle Straßenbahnen, Haltestelle Hauptplatz; Straßenbahn 1, 4, 6, 7, Haltestelle Südtiroler Platz // **Öffnungszeiten** täglich rund um die Uhr // ab 2 Jahre

79_DER SPIELRAUM

Einfach nur Kind sein dürfen

Einfach mal Kind sein dürfen und das tun, wonach einem ist. Ob spielen, basteln, lesen, turnen, tanzen oder malen – im Spielraum der Kinderfreunde hat man die Möglichkeit, das alles zu machen. Ganz egal, ob hintereinander oder gleichzeitig.

Wer mag, kann die flexible stundenweise Betreuung in Anspruch nehmen, die sich an Kinder zwischen drei und zwölf Jahren richtet. Eine Voranmeldung hierfür muss zwar nicht sein, ist aber erwünscht. Während der Nachwuchs am Spielen oder Toben ist, können die Eltern Besorgungen erledigen oder einfach mal durchschnaufen. Gern auch im Café nebenan, wenn man die Töchter und Söhne nicht ganz aus den Augen verlieren möchte.

Man kann den Spielraum aber auch gemeinsam nutzen. Langweilig wird hier bestimmt niemandem, es gibt neben Sprossenwänden auch Turngeräte und jede Menge Spielzeug und Bücher. Kurz gesagt: Der Spielraum ist ein Paradies für Kinder.

Darüber hinaus werden das ganze Jahr über Musikstunden, Kurse zum Thema Babyzeichensprache oder Bewegungskurse angeboten, die sich teilweise schon an Babys richten. Das gesamte Veranstaltungsangebot findet man auf der Homepage. Die Anmeldung zu den einzelnen Kursen erfolgt am besten telefonisch. Außerdem kann man den Kinderfreunde-Spielraum auch für betreute Geburtstagsfeiern mit bis zu zehn Gästen mieten. Richtig toll.

Adresse Schlossergasse 4, 8010 Graz, www.kinderfreunde.at // **ÖPNV** Bus 30, 31, 31E, 32, 33, 34, 34E, 35, 39, 40, 60, 67E und alle Straßenbahnen, Haltestelle Jakominiplatz // **Öffnungszeiten** Mo–Fr 12–18 Uhr, Sa 9–18 Uhr, Anmeldung unter Tel. 0316/82551226, www.kinderfreunde.at/angebote/detail/stadt-oase // 1–12 Jahre

TIPP: Falls man nach dem Besuch des Spielraums noch Energie hat, empfiehlt es sich, fünf Minuten zu laufen und diese im Stadtpark loszuwerden.

80_DAS SPIELZEUGMUSEUM

Zeitreise in die Kindheit von Uroma und Uropa

Puppenhäuser, Schaukelpferde und Teddybären – nein, wir befinden uns nicht im eigenen Kinderzimmer, sondern an einem Ort, der mindestens genauso magisch ist: im einzigen Spielzeugmuseum der Stadt.

Die private Sammlung von Christine Pichler lässt einen in Nostalgie schwelgen und in längst vergessene Spielzeugwelten eintauchen, in Zeiten, als unsere Urgroßmütter Kinder waren. Neben Steiff-Plüschtieren und Blechspielzeug aus der Zeit zwischen 1885 und 1940 sind im Museum auch mehr als 350 Porzellanpuppen zu bestaunen, von denen manche ganz schön echt aussehen. Interessanter Fakt: Die Puppe ist eines der frühesten Spielzeuge überhaupt. Erst ab 1840 wurde Porzellan zur Herstellung von Puppenköpfen verwendet, bis dahin hatte es nur Holz- oder Wachspuppen gegeben. Natürlich findet man auch fertig eingerichtete Puppenstuben und Puppenhäuser. Ist ja logisch – die Puppen wollen ja irgendwo wohnen und nicht nur herumsitzen.

Doch das Highlight ist ein alter französischer Puppenautomat. Das ist kein Verkaufsautomat nach unserem Verständnis, sondern er stellt eine der ältesten Spieluhren überhaupt dar – inklusive Musik und Bewegungen der Puppe.

Selbst wenn man das »Toy, Toy, Toy« – wie das Museum auch genannt wird – schon kennt, lohnt es sich, mal zu Weihnachten oder Ostern vorbeizuschauen. Dann gibt es nämlich Christbaumschmuck, Osterdeko und Co. aus längst vergangenen Zeiten zu bewundern.

TIPP: Wer nach einem Museumsbesuch ein bisschen Auslauf braucht, findet am Fuß des Pfauengartens im Grazer Stadtpark einen schönen großen Spielplatz.

Adresse Hartiggasse 4, 8010 Graz, www.puppenmuseumgraz.at // ÖPNV Bus 30, Haltestelle Schauspielhaus // Öffnungszeiten Mo, Mi, Fr 9.30 – 12.30 Uhr; Führungen auf Anfrage unter Tel. 0664/4359311 // ab 3 Jahre

81_DER SPRINGBRUNNEN VOM MARIAHILFERPLATZ

Mit dem Fahrrad durch das kühle Nass

Graz kann in den Sommermonaten ganz schön heiß sein. Wer sehnt sich da nicht nach einer kleinen Abkühlung? Habt ihr schon einmal daran gedacht, euch die in einem Springbrunnen zu holen? Der vom Mariahilferplatz lädt förmlich dazu ein.

Es gibt keine Barrieren, Hindernisse oder Ähnliches. Nur ein paar Düsen, die direkt aus dem Boden spritzen. Kinder und auch so manche Erwachsene zieht das magisch an. Ein kleiner Tipp vorneweg: Wenn man keine Lust darauf hat, nass zu werden, sollte man tunlichst einen großen Bogen um den Springbrunnen machen.

Doch es geht noch mehr: Der Brunnen eignet sich nicht nur zum Pritscheln – an dieser Stelle muss der Vollständigkeit halber erwähnt werden, dass es sich wie bei allen Grazer Brunnen nicht um Trinkwasser handelt –, sondern auch für die ein oder andere verrückte Idee: Wie wäre es, einfach einmal mit dem Fahrrad hier durchzufahren? Denn wer kann schon von sich behaupten, so etwas bereits gemacht zu haben?

Den ein oder anderen schiefen Blick erntet man bestimmt dafür, aber der Spaß ist unbezahlbar. Außerdem trocknet die Kleidung im Sommer ja recht schnell. Und in den Wintermonaten kann man gar nicht erst in Versuchung kommen, da ist der Brunnen nämlich außer Betrieb. Übrigens: Da der Platz auch ein beliebter Veranstaltungsort für Konzerte und Sportevents ist, ist der Brunnen während der Sommermonate nicht immer an. Deshalb lohnt es sich, vorab einen Blick in den Grazer Veranstaltungskalender zu werfen.

Adresse Mariahilferplatz, 8020 Graz // **ÖPNV** Straßenbahn 1, 4, 6, 7, Haltestelle Südtiroler Platz // **Öffnungszeiten** während der Sommermonate täglich 8–21 Uhr // für jedes Alter

TIPP: Um sich eine Abkühlung zu verschaffen, ohne nass zu werden, kann man Harry's ICEcream in der Mariahilferstraße um die Ecke besuchen. Das Eis ist köstlich, die Sorten sind außergewöhnlich.

82_DAS SPUK-GLASHAUS

In einer Stunde um die ganze Welt

Wenn man durch das schöne Villenviertel hinter der Karl-Franzens-Universität spaziert und dabei die Ohren offen hält, vernimmt man es vielleicht, das gruselige Heulen und Klappern von Fensterläden. Wenn man genau hinhört, kann man sogar die Richtung ausmachen, aus der diese schauderhaften Geräusche kommen. Nämlich aus dem Botanischen Garten. Und nein, diese Töne stammen nicht aus dem »Alien«, wie die Hauptgewächshäuser dank ihrer Form liebevoll genannt werden, sondern von etwas weiter hinten, aus dem alten, verlassenen Glashaus. Auch wenn dieses mittlerweile renoviert ist, ist die Ähnlichkeit mit so manchem Spukhaus nicht von der Hand zu weisen, was wohl auch an seinem Alter von über 100 Jahren liegt und der Grund für seine Anziehungskraft ist.

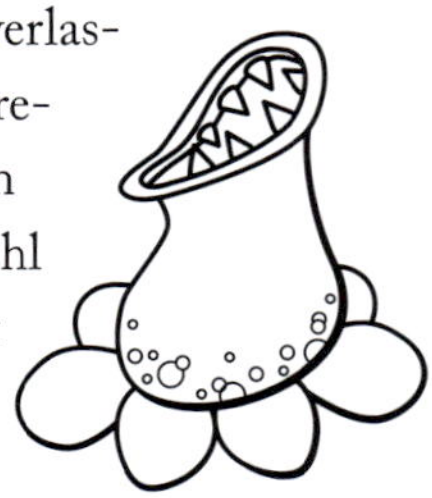

Nichtsdestotrotz sollte man sich von seiner morbiden Schönheit nicht einlullen lassen und auch dem weitaus jüngeren Kollegen eine Chance geben. Denn im Gegensatz zum Spukhaus sind hier tatsächlich Pflanzen zu bestaunen. Bei Temperaturen zwischen acht und 30 Grad Celsius haben exotische Pflanzen aus vier Klimazonen der Erde hier ihre Heimat gefunden.

Doch das ist nicht alles. Neben beeindruckenden Kakteen und Palmen – im Palmenhaus fühlt man sich dank der hohen Temperaturen und der Luftfeuchtigkeit fast ein bisschen wie im Urlaub – gibt es auch ein Aquarium zu bestaunen, von dem das ein oder andere Kind nur mit Hilfe von Bestechung wieder loszubekommen sein dürfte.

Für Sportbegeisterte sind Fahrradabstellplätze vorhanden.

Adresse Schubertstraße 59, 8010 Graz // **ÖPNV** Straßenbahn 1, Haltestelle Hilmteich/Botanischer Garten // **Öffnungszeiten** 15. Mai – 15. Sept. täglich 8 – 16.30 Uhr, 16. Sept. – 14. Mai täglich 8 – 14.30 Uhr; Eintritt frei, Spenden erbeten, www.garten.uni-graz.et/de // für jedes Alter

TIPP: Wer von Botanik noch nicht genug hat, sollte dem nahe gelegenen Naturlehrpfad im Leechwald einen Besuch abstatten. Hier kann man sich bei einer Wanderung mit der heimischen Flora und Fauna vertraut machen.

83_ST. JOHANN UND PAUL

Unterwegs am Wanderweg 7

Wenn man mit geschärften Sinnen vom Grazer Stadtgebiet in Richtung Westen schaut, kann man sie vielleicht schon erkennen, die kleine Bergkirche St. Johann und Paul, die hier auf 563 Metern Höhe die Stadt überblickt.

Die Kirche ist schön, der Weg hinauf aber noch viel schöner. Denn gibt es etwas Besseres, als der Hektik der Stadt zu entfliehen und in der Natur seinen Gedanken freien Lauf zu lassen? Kindern muss man diesen Ausflug vielleicht auf andere Weise schmackhaft machen und ihre Aufmerksamkeit auf die Tier- und Pflanzenwelt entlang des Weges lenken. Außerdem wartet bei der Kirche ein toller Spielplatz mit Baumhaus, Sandkiste und Hängematte zum Ausruhen. Wenn das mal nicht Ansporn genug ist!

Neben der Kirche wurden im Jahr 2004 alte Siedlungsreste gefunden, darunter auch das wohl älteste je gefundene Wohnhaus der Steiermark. Diese wurden allerdings wieder zugeschüttet, und darauf steht nun der Kinderspielplatz, der sich zumindest thematisch diesen Ausgrabungen widmet. Auch nicht schlecht, an einem Ort zu spielen, an dem die Vergangenheit so nah ist. Doch das ist nicht alles. Etwas versteckt hinter der Kirche findet man eine Aussichtsplattform sowie Sonnenliegen für alle, die sich nach dem Anstieg nach ein bisschen Erholung sehnen. Ein kleines Gasthaus gibt es auch.

TIPP: Von hier aus kann man in einer halben Stunde zum nächsten Aussichtspunkt, der Kronprinz-Rudolf-Warte, wandern.

Der kürzeste Weg hinauf führt übrigens von der Steinbergstraße durch den Wald.

Adresse 8052 Graz // ÖPNV Bus 31, 62, Haltestelle Ankerstraße, der Beschilderung folgen, circa 1 Stunde Fußweg, Parkplätze beim Gasthof Dorrer // Öffnungszeiten Gasthaus: Fr–Di 9–22 Uhr, So 9–21 Uhr // ab 4 Jahre

84_DAS STANDL 5

Hier geht's um die Wurst

Jeder kennt es: Man spaziert fröhlich die Herrengasse entlang, bis einen aus heiterem Himmel der Hunger packt. Jeder, der Kinder hat, weiß noch dazu: Jetzt gilt es, keine Zeit zu verlieren, es muss schnell etwas zu essen her. Da trifft es sich gut, dass der Hauptplatz schon in Sichtweite ist. Denn am Standl 5, einem der vielen Marktstände, gibt es nicht nur richtig gute Würstel, die schnell auf dem Teller liegen, sondern dort wird das Essen zum Erlebnis.

Schon von Weitem sticht er einem ins Auge, zählt er doch zu den wenigen Ständen, die richtig geschmackvoll, ganz in Schwarz und Weiß, eingerichtet sind. Kinder sind hier besonders willkommen, und sie dürfen als Einzige direkt auf der Theke Platz nehmen, um sich einen Überblick zu verschaffen. Ein passendes Sitzpolster gibt's natürlich dazu. Soll ja auch bequem sein.

Gespräche werden geführt wie unter den Großen, es wird gefachsimpelt, was das Zeug hält. Mama und Papa haben dabei nichts zu melden. Das soll auch so sein, denn die müssen sich ohnehin auf ihr Steirerhotdog konzentrieren – beziehungsweise darauf, sich nicht mit der Kernölmayonnaise anzupatzen.

Nach dem Würstel-Snack darf eine Nachspeise nicht fehlen, und die gibt's am Standl 5 in Form eines Zuckerls. Natürlich nur für die Kleinen. Richtig toller Service.

Adresse Hauptplatz, 8010 Graz // **ÖPNV** alle Straßenbahnen, Haltestelle Hauptplatz // **Öffnungszeiten** Mo–Sa 9–21 Uhr // ab 2 Jahre

TIPP: Wer nach dem Essen ein bisschen Auslauf braucht: Gleich um die Ecke, am Ende der Neutorgasse, gibt es einen tollen, zentral gelegenen Spielplatz mit einer der längsten Rutschen von Graz.

Hot Dog
Im Semmerl
Kotelettsemmel
Schweinsbrüstelsemmel
Leberkäsesemmel
Käseleberkäsesemmel
€ 4,20
€ 3,90
€ 2,70
€ 2,90
regional frisch saisonal
Alles zum Mitnehmen!
Papiersackerl € 0,20
Graz
Standl
Hauptplatz
Klassik
5er Hot Dog
mit Frankfurter
mit Käsekrainer
Steirer Hot Dog
Bosna
Zwiebeln
Bratwurst
TO GO!
nachhaltig
weitersagen

85_DIE STECKENHÄUSER

Häuslbauer unter sich

Wer auf den Pfaden des Leechwaldes lustwandelt, kann dabei allerhand entdecken. Kuriose und spektakuläre Natur, verschiedene Kraftorte und dazwischen auch von Menschenhand Geschaffenes. Zum Beispiel die Steckenhäuser, die man auf Höhe der Hilmwarte findet. Steckenhäuser sind kleine Häuschen, die nur mit Stöcken und Ästen, die hier im Wald in Hülle und Fülle herumliegen, gebaut wurden. Die Größe variiert dabei von klein bis riesig, und die meisten können individuell erweitert werden.

Wenn man Glück hat, kann man sich vor Ort mit dem ein oder anderen Häuslbauer austauschen und exklusive Führungen durch die Häuser bekommen. Wenn der Bauherr nicht vor Ort ist, steht es natürlich jedem frei, die Häuser auf eigene Faust zu entdecken beziehungsweise sogar temporär dort einzuziehen. Am lustigsten ist es jedoch, sich die Häuser nicht nur anzuschauen, sondern gleich selbst Hand anzulegen. Einen Bauplatz zu finden, Äste und Stecken zu suchen und direkt mit dem Bauen zu beginnen. Egal, ob man sich vorher in seinem Kopf einen Bauplan zurechtgelegt hat oder einfach drauflosbaut. Egal, ob man sein Haus mit Blättern oder Moos oder gar nicht verziert – die Häuser können sich alle sehen lassen!

Ein kleiner Tipp zum Schluss: Die Sonntagskleidung kann man getrost zu Hause lassen. Denn wie das beim Bauen nun einmal so ist, wird man dabei ganz schön schmutzig.

TIPP: Wer nach ein paar anstrengenden Stunden am Bau ein wenig Entspannung sucht, kann es sich im Café Purberg im Hilmteichschlössl bei einem köstlichen Stück Torte oder einem Eis gut gehen lassen.

Adresse Roseggerweg 31, 8010 Graz // **ÖPNV** Straßenbahn 1, Haltestelle Hilmteich // **Öffnungszeiten** täglich rund um die Uhr // ab 3 Jahre

86_DIE STEPHANIENWARTE

Der beste Ausblick über das Grazer Becken

Beim Erklimmen des Plattensteigs ist Durchhaltevermögen gefragt. Vor allem die letzten Meter entpuppen sich als ganz schön steil. Allerdings ist das halb so wild, hat man das Ziel der Wanderung doch schon vor Augen: die Stephanienwarte, Aussichtsturm und Baudenkmal zugleich, die hier oben auf der Platte thront und nur darauf wartet, entdeckt zu werden.

Zu den Öffnungszeiten herzukommen lohnt sich. Man hat zwar schon am Fuß der Warte, die auf 651 Metern Seehöhe liegt, eine tolle Aussicht über das Grazer Becken. Aber auf der Warte selbst ist sie um Längen besser! Logisch, schließlich ist man hier noch einmal weitere 18 Meter über dem Erdboden. Und so viel sei verraten: Der Schloßberg wirkt von hier oben ganz schön klein.

Die Stephanienwarte in ihrer heutigen Form wurde übrigens im Jahr 1880 als Wetterstation errichtet. Benannt wurde sie nach der Frau von Kronprinz Rudolf, Stephanie von Belgien. Inzwischen wurde die Wetterstation längst woanders hinverlegt, und die Warte dient primär »nur« noch als sehr schönes Ausflugsziel. Gut zu wissen: Parkplätze gibt es in der Nähe kaum, daher ist es besser, mit öffentlichen Verkehrsmitteln anzureisen und die letzten Meter zu Fuß zu bewältigen.

Die Platte mit der Stephanienwarte zählt übrigens neben dem Schloßberg, der Kronprinz-Rudolf-Warte, dem Schöckl, der Satellitenstation am Lustbühel, der Kirche St. Johann und Paul und dem Fürstenstand zu den Seven Summits von Graz.

Adresse Plattensteig, 8043 Graz // ÖPNV Bus 43, Haltestelle Plattenweg Scheuer; Bus 81, Haltestelle Graz Pfeifferhof, von dort gut 40 Minuten zu Fuß // Öffnungszeiten Ostern – Ende Sept. Sa, So, Feiertage 10 – 19 Uhr // ab 3 Jahre

TIPP: Von der Basilika in Mariatrost kann man eine schöne, familientaugliche Wanderung auf die Platte unternehmen.

87_DIE STIEGENKIRCHE

Die geheimnisvollste Kirche von ganz Graz

Viele gehen achtlos an der geheimnisvollen Öffnung in der Hausmauer vorbei, die man nur sieht, wenn man von der Hofgasse kommend in Richtung Sporgasse spaziert. Hat man das Loch erst einmal entdeckt, fragt man sich, wie man es je übersehen konnte, so prominent klafft es in der Fassade der Sporgasse Nummer 21. Wenn man sich näher heranwagt und einen Blick durch das Eingangstor riskiert, bemerkt man, dass es sich hierbei um kein gewöhnliches Stiegenhaus handelt, wie man es normalerweise hinter Eingangsportalen vorfindet.

Während der eine Teil in ein normales Wohnhaus führt, gelangt man über den markanten Teil mit der Fassadenöffnung zu einer geheimen Kirche. Die Stiegenkirche, die hinter der Häuserzeile versteckt liegt, ist die älteste Kirche von Graz. Sie wurde bereits im Jahr 1343 zum ersten Mal urkundlich erwähnt.

Die Kirche selbst, die sich quasi am Fuß des Schloßbergs befindet, ist im Inneren recht schlicht gehalten, was auf einen Bombentreffer im Zweiten Weltkrieg zurückzuführen ist. Nichtsdestotrotz ist sie dank ihrer geheimnisvollen Aura auf jeden Fall einen Besuch wert.

Wenn man danach noch einmal an die Stelle zurückkehrt, von der aus man die Fassadenöffnung erblickt hat, fällt plötzlich auch der Kirchturm hinter der Häuserzeile auf, der der eigentliche Hinweis auf die versteckte Kirche ist. Manchmal muss man eben zweimal hinschauen.

TIPP: In der Hofgasse liegt die älteste Bäckerei von Graz. Sehr zu empfehlen sind die essbaren Panthertatzen.

Adresse Sporgasse 21, 8010 Graz // **ÖPNV** alle Straßenbahnen, Haltestelle Hauptplatz // **Öffnungszeiten** täglich 8–20 Uhr // für jedes Alter

21
21a
Sporgasse
Dr. MARJAN
FRIEBE
stiegenkirche
io

88_DAS TAKTILOSKOP

Mit der Haut sehen

Mit der Haut fühlen – ja klar, das kann jeder! Aber mit der Haut sehen? Das klingt wohl mehr nach Science-Fiction. Ist es aber nicht. Denn mit Hilfe einer speziellen Apparatur, dem Taktiloskop, ist das tatsächlich möglich.

Das Taktiloskop ist ein Stuhl, der anhand von Metallstiften und Magneten den Rücken kitzelt und so Bilder, die vor einem sind, auf den Rücken projiziert. Wenn man die Augen schließt und ein paar Minuten Geduld hat, schafft man es tatsächlich, zu spüren, ob gerade ein oder mehrere Personen vor einem stehen oder in welche Richtung sich diese bewegen. Unglaublich faszinierend.

Wie sich das anfühlt? Das findet man am besten im Museum der Wahrnehmung heraus. Dort trifft man neben eben beschriebener Apparatur auch auf viele andere Installationen, die die Sinne täuschen oder die Wahrnehmung verzerren, sodass man sich am Ende des Rundgangs fragt, ob man sich nun in der Wirklichkeit oder ganz woanders aufhält.

Übrigens befindet sich das MuWa in einem ehemaligen Tröpferlbad. Da früher nicht jede Wohnung beziehungsweise jedes Haus über ein Badezimmer verfügte, gab es in den Städten Orte wie diesen, wo man zu bestimmten Tageszeiten gegen eine geringe Gebühr duschen oder baden konnte. Im Keller gibt es diese Möglichkeit übrigens immer noch, denn man glaubt es kaum: Auch heute sind noch nicht alle Wohnungen mit diesem Luxus ausgestattet.

TIPP: Gleich hinter dem MuWa, im Augarten, liegt einer der größten Spielplätze von Graz. Vom riesigen Sandspielplatz über Schaukeln für Groß und Klein bis hin zu diversen Balancierstationen ist alles vorhanden.

Adresse Friedrichgasse 41, 8010 Graz // ÖPNV Bus 34, Haltestelle Museum der Wahrnehmung // Öffnungszeiten Mi–Mo 13–17.30 Uhr // ab 5 Jahre

89_DER TATORTKOFFER

Verbrechern auf der Spur

Verbrechen spielen sich leider nicht nur in Filmen und Büchern ab, sondern sind, seitdem es Menschen gibt, Realität. Im Untergeschoss der Universität Graz ist besonders aufsehenerregenden Kriminalfällen sogar ein eigenes Museum gewidmet: das Hans Gross Kriminalmuseum.

Hier kann man sich auf die Spuren von berühmten Verbrechen und Kriminalfällen aus dem 19. und 20. Jahrhundert begeben, in die Vergangenheit reisen und erfahren, wie diese Fälle früher aufgeklärt wurden. Und das ist ganz schön spannend. Neben Waffen, diversen Giften, menschlichen Knochen und Blutspuren – deshalb ist das Museum nichts für zartbesaitete Seelen – dreht sich die Ausstellung aber vor allem um den Tatortkoffer.

Früher war er der letzte Schrei der Technik und ermöglichte mit seinen Gerätschaften und Instrumenten ein genaues Untersuchen verschiedenster Tatorte. Besonders interessant: Der Koffer enthielt auch eine Dose voller Zuckerln, sollten Kinder befragt werden müssen. Das erwachsene Pendant zu den Süßigkeiten waren übrigens Zigarren, die ebenfalls im Tatortkoffer enthalten waren und mit Sicherheit das ein oder andere Mal zum erwünschten Hinweis geführt haben. Ganz schön clever.

Gegründet wurde dieses Museum schon 1895 von Hans Gross, einem Grazer Juristen, der auch der Erfinder dieses berühmt-berüchtigten Tatortkoffers war.

Adresse Heinrichstraße 18, 8010 Graz // **ÖPNV** Bus 39, Haltestelle Geidorfplatz; Bus 30, 58, Haltestelle Graz Uni/Mozartgasse // **Öffnungszeiten** Mo 10–15 Uhr, Do 13–17 Uhr sowie nach telefonischer Voranmeldung unter Tel. 0316/3806514, Führung montags um 11 Uhr // ab 6 Jahre

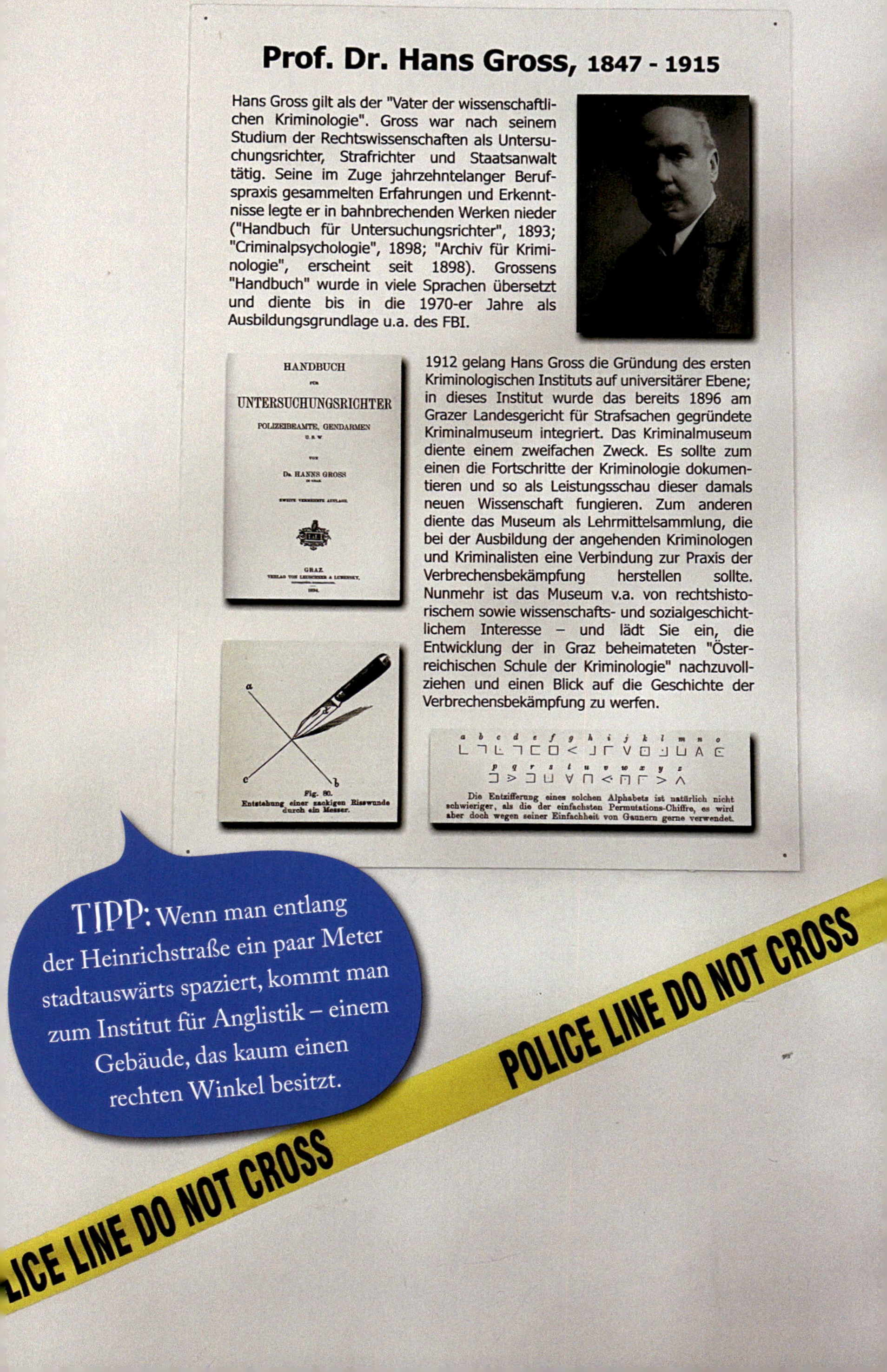

TIPP: Wenn man entlang der Heinrichstraße ein paar Meter stadtauswärts spaziert, kommt man zum Institut für Anglistik – einem Gebäude, das kaum einen rechten Winkel besitzt.

90_DER THALERSEE

Wo Arnold Schwarzenegger schon Enten gefüttert hat

Wenn man in Gösting in den Bus mit der Nummer 48 steigt, findet man sich meistens in einer Runde gut gelaunter Ausflügler wieder. Fährt der Bus doch zu einem schönen Ausflugsziel im Westen von Graz, dem Thalersee.

Der in einen Mischwald eingebettete See, der Anfang des 20. Jahrhunderts künstlich angelegt und als Strandbad genutzt wurde, dient heute hauptsächlich Spaziergängern als Ziel. In gut 20 Minuten hat man den See einmal umrundet.

Dabei muss man sich nicht immer an den vorgegebenen Weg halten. Zumindest wenn man ohne Kinderwagen unterwegs ist. Denn entlang des Sees gibt es unterschiedliche Vegetationsformen, Schilfzonen, Sumpfgebiete oder Geheimwege durch den dichten Wald. Man trifft auch immer wieder auf Enten, die sich über mitgebrachte Brotreste lautstark freuen. Im Winter kann man sogar eislaufen, im Sommer gibt es einen Bootsverleih. Auch einen Spielplatz findet man am Areal. Langweilig wird einem hier mit Sicherheit nicht!

Noch ein interessanter Fakt zum Schluss: Hier am See hat Arnold Schwarzenegger einen großen Teil seiner Jugend verbracht und seiner späteren Ehefrau Maria Shriver einen Heiratsantrag gemacht. Im Wald am Westzipfel des Sees gibt es eine Klimmzugstange zwischen zwei Bäumen, an welcher der Terminator höchstpersönlich trainiert haben soll. Übrigens befindet sich nicht allzu weit weg vom See auch das Arnold Schwarzenegger Museum, das in seinem Geburtshaus in Thal untergebracht ist.

TIPP: Auf einer kleinen Anhöhe oberhalb des Thalersees liegt ganz versteckt die Burgruine Unterthal.

Adresse Thalersee, 8051 Thal bei Graz // **ÖPNV** Bus 40 oder 85 bis zur Endstation Gösting, dort Bus 48, Haltestelle Thalersee // **Öffnungszeiten** täglich rund um die Uhr // für jedes Alter

91_DIE THEATERWERKSTATT

Führung hinter die Kulissen des Next Liberty

Unweit der Oper liegt etwas versteckt der Eingang zum Next Liberty, dem Theater für Kinder und Jugendliche. Hier werden bekannte und weniger bekannte Stücke der zeitgenössischen Kinder- und Jugendliteratur aufgeführt.

Was allerdings die wenigsten wissen: Man darf auch hinter die Kulissen blicken, nämlich in die sogenannten Theaterwerkstätten. Diese Spezialführungen finden einmal im Monat zu einem bestimmten Stück aus dem aktuellen Spielplan statt. Dabei werden in eindreiviertel Stunden in kleinen Gruppen die Themen des im Anschluss gezeigten Theaterstücks erarbeitet. Wer möchte, darf im Zuge dessen auch selbst auf die Bretter steigen, die angeblich die Welt bedeuten, und sein schauspielerisches Talent unter Beweis stellen. »Kann« und nicht »muss«, wohlgemerkt. Wer weiß, vielleicht entdeckt der ein oder andere in sich schlummernde Talente und Vorlieben und steht beim nächsten Stück schon selbst vor Publikum auf der Bühne?

Des Weiteren bietet das Next Liberty in Kooperation mit der Oper Graz auch Theaterschnuppertage an. Hier taucht man noch tiefer in die Materie ein und darf dabei sein, wenn Bühnenbilder entwickelt werden und Kostüme entstehen, und, wenn man möchte, sogar selbst Hand anlegen und bei der Umsetzung der Ideen mithelfen. Die Termine für die Schnuppertage und Sonderführungen findet man auf der Homepage des Next Liberty.

TIPP: Vor der Oper Graz steht eine große Stahlkonstruktion. Die Skulptur heißt »Lichtschwert« und gilt als Freiheitsstatue von Graz.

Adresse Kaiser-Josef-Platz 10, 8010 Graz, www.nextliberty.buehnen-graz.com // ÖPNV Straßenbahn 1, 7, Haltestelle Kaiser-Josef-Platz // Öffnungszeiten einmal im Monat, aktuelle Termine auf der Homepage // ab 7 Jahre

92_DER TORTENAUTOMAT

Wenn dich der Hunger auf was Süßes packt

Es ist Sonntagabend, und plötzlich packt dich der Heißhunger auf etwas Süßes. Die Geschäfte haben geschlossen, auch die Cafés und Konditoreien haben nur noch Restbestände. Tja, was tun? Man muss sich nicht gleich selbst in die Küche stellen und backen, sondern kann in Graz ganz bequem zum Tortenautomaten der Konditorei Handl in die Zinzendorfgasse spazieren.

Richtig gelesen: ein Tortenautomat! Er steht vor der Fleischerei Mosshammer. Die Auswahl ist groß. Von Cremeschnitten über diverse Obsttorten bis hin zum Klassiker der österreichischen Mehlspeisenküche, der Sachertorte, bekommt man hier alles, was das Herz begehrt. Und das rund um die Uhr. Für sieben Euro, auch mit Karte zahlbar, erhält man je zwei Kuchenstücke, transportsicher verpackt. Verspeisen kann man die Köstlichkeiten dann entweder gleich vor Ort, im Park oder zu Hause, das sei jedem selbst überlassen.

Die Stücke sind übrigens riesig, erfahrungsgemäß reichen zwei für drei Personen. Natürlich kann man sie auch noch ein paar Tage im Kühlschrank aufbewahren, denn gekühlt halten sie meistens länger.

Und sollte man nach dem Hunger auf Süßes ganz plötzlich Lust auf etwas Pikantes verspüren, stehen direkt neben dem Tortenautomaten zwei Fleischautomaten, an denen man sich bequem Steaks, Würstel oder auch diverse Sugos herausdrücken kann.

Adresse Zinzendorfgasse 12, 8010 Graz // ÖPNV Bus 39, Haltestelle Zinzendorfgasse // Öffnungszeiten täglich rund um die Uhr // ab 3 Jahre

TIPP: Um die überschüssige Energie wieder abzubauen, bietet sich der Spielplatz im Stadtpark an, der ungefähr zehn Gehminuten vom Tortenautomaten entfernt liegt.

Esterhazy
TORTE
2
Schokoladen-
Obers
TORTE
2
Stück
Tiramisu
TORTE
2
Stück

93_DAS TRAMWAY MUSEUM

Zu Besuch bei den 100-jährigen Straßenbahnen

Graz kann auf eine sehr lange Straßenbahngeschichte zurückblicken. Seit mehr als 140 Jahren bimmeln sie durch die Stadt, daher kommt auch der Name »Bim«, wie die Grazer ihre Straßenbahn liebevoll nennen. Anfangs noch eine Pferdebahn, fährt sie mittlerweile vollelektrisch auf einem Streckennetz von mehr als 67 Kilometern Länge durch fast alle Bezirke.

Hier und da schleicht sich auch mal der ein oder andere Oldtimer ins normale Bild. Die sehen nicht nur gut aus, die Fahrten damit sind auch ein unvergessliches Erlebnis. Doch auf so eine Gelegenheit muss man nicht warten – da wird man nämlich zum Schwammerl –, sondern man kann selbst aktiv werden und den alten Damen von damals einen Besuch abstatten. Und zwar im Tramway Museum Graz in Mariatrost, das in einer alten Remise untergebracht ist, von der aus vor 100 Jahren die erste elektrische Straßenbahn Graz unsicher gemacht hat und die sich heute noch sehen lassen kann.

Neben historischen Straßenbahnmodellen mit mehr als 100 Jahren auf dem Buckel kann man hier auch einen alten Pferdetramwagen, Tramway-Modelle aus Wien, München und New York sowie diverse andere Fundstücke, die die Geschichte der Grazer Straßenbahn erzählen, bestaunen.

Achtung: Wegen der unregelmäßigen Öffnungszeiten sollte ein Besuch im Museum vorab geplant und gegebenenfalls ein Termin vereinbart werden.

Adresse Mariatroster Straße 204, 8044 Graz // ÖPNV Straßenbahn 1, Haltestelle Mariatrost // Öffnungszeiten an bestimmten Tagen sowie auf Anfrage, Infos unter www.tramway-museum-graz.at // ab 3 Jahre

TIPP: Ganz in der Nähe liegt die Basilika Mariatrost, wo 216 Stufen erklommen werden müssen, um die beeindruckende Kirche besichtigen zu können.

94_DAS TRIBEKA

Auf eine Affenmilch mit Aussicht

Das Tribeka – Abkürzung für »Trink besseren Kaffee« – gibt uns Grazern ein kleines bisschen das Gefühl, in einer Großstadt wie New York zu Hause zu sein. Kaffeeduft und stylishe Coffee-Shop-Atmosphäre gepaart mit den besten gefüllten Bagels der Stadt machen es möglich. Und das bereits an vier Standorten.

Dennoch ist einer davon ganz besonders interessant. Vorausgesetzt, man hat vor, ihm mit Kindern einen Besuch abzustatten. Denn wenn man im Tribeka am Grieskai in den ersten Stock geht und einen der begehrten Plätze direkt am Panoramafenster ergattert, liegt einem die Welt zu Füßen. Oder zumindest der Grazer Verkehr. Egal, ob Stop-and-go, Fließverkehr oder Fahrradfahrer, die am Radweg gekonnt dem einen oder anderen Fußgänger ausweichen – von hier oben hat man alles im Blick.

Weil man sich dank der luftigen Höhe vielleicht auch ein wenig fühlt wie ein Affe im Baum, gibt es zum Verkehrsspektakel standesgemäß Affenmilch zu trinken. Sie besteht, wie der Name schon vermuten lässt, aus Milch, Banane und dunklem oder weißem Kakao als Spezialzutat.

Übrigens sind sowohl Gäste als auch Mitarbeiterinnen äußerst kinderfreundlich und unkompliziert. Und sollte einmal ein Glas zu Bruch gehen und sich das je nach Sorte weiße oder braune Gold über den Boden ergießen, dann wird, ohne mit der Wimper zu zucken, schnell wieder alles aufgewischt.

TIPP: Gleich um die Ecke, am Südtirolerplatz, gibt es den Samen Köller. Ein kleines Gartengeschäft mit toller Auswahl, in dem die Zeit stehen geblieben zu sein scheint.

Adresse Grieskai 2, 8020 Graz // ÖPNV Straßenbahn 1, 4, 6, 7, Haltestelle Südtiroler Platz // Öffnungszeiten Mo–Fr 7–20 Uhr, Sa, So 8–20 Uhr // für jedes Alter

95_DER TÜRKE VOM PALAIS SAURAU

Wenn der Sonntagsbraten flügge wird

Man muss seinen Blick beim Flanieren auf der Sporgasse nach oben richten, um ihn zu sehen, den sich am Palais Saurau weit aus dem Fenster lehnenden Türken, der ganz in Türkis, Rot und Gold gekleidet ist und wütend seinem Sonntagsbraten nachschaut.

Was durchaus nachzuvollziehen ist. Es genügt, sich einmal in seine Lage zu versetzen: Da hat man sich eben an den Tisch begeben, den duftenden Braten vor der Nase, Messer und Gabel gezückt, und just in dem Moment wird einem mit einer Kanonenkugel der Braten vom Teller geschossen. Das soll, so erzählt man sich, dem türkischen Feldherrn Ibrahim Pascha im Jahr 1683 während der Türkenbelagerung tatsächlich passiert sein. Vor lauter Wut habe er dann seinen Truppen den Abzug aus Graz befohlen.

TIPP: Ein paar Meter oberhalb des Palais Saurau liegt das tolle Kindergeschäft »Pilzessin«, in dessen Auslage es immer etwas Neues zu entdecken gibt.

Die andere, wahrscheinlichere Erklärung dafür, warum der Türke hier hängt, ist folgende: Damals war es schlicht und einfach Mode, sein Haus mit allerhand Figuren zu schmücken. Beim Türken vom Palais Saurau könnte es sich also auch um eine Figur handeln, die in der frühen Neuzeit bei ritterlichen Geschicklichkeitsspielen benutzt wurde und aufgrund ihrer Schönheit schließlich als Schmuck an der Hausfassade gelandet ist.

Was allerdings die wenigsten wissen: Der Türke am Palais Saurau – das Palais wurde übrigens nach einem seiner ursprünglichen Besitzer im 17. Jahrhundert, Karl Graf von Saurau, benannt, der damals Landeshauptmann war – ist längst nur mehr eine Kopie. Das Original befindet sich seit mehr als 70 Jahren im Grazer Stadtmuseum.

Adresse Sporgasse 25, 8010 Graz // **ÖPNV** alle Straßenbahnen, Haltestelle Hauptplatz // **Öffnungszeiten** täglich rund um die Uhr // für jedes Alter

96_DER TÜRKISCHE MARKT

Ausflug in den Orient

Man kann es schon von Weitem sehen, das viele bunte Obst und Gemüse, das sich vor dem Geschäft türmt. Wenn man näher kommt, bemerkt man auch gleich das geschäftige Treiben, das hier herrscht. Es wuselt nur so von Kunden und Verkäufern, die stets bemüht sind, die neue Ware einzuräumen und geschmackvoll zu drapieren. Dabei fällt vor allem eines auf: das Tempo, in dem das beim Akdag-Supermarkt am Lendplatz geschieht. Man bekommt alles, was es in herkömmlichen heimischen Supermärkten nicht gibt: orientalische Gewürze, türkische Backwaren und Süßigkeiten, cremigen Feta und richtig gute Oliven. Und das alles auch in kleinen Mengen. Hier wird man nicht schief angeschaut, wenn man nur eine Kochbanane oder fünf Oliven kauft. Darüber hinaus findet man in den Sommermonaten die besten Wassermelonen in allen erdenklichen Größen. Das richtige Highlight ist aber ein anderes: der Kassier, der mit atemberaubendem Tempo die Preise der Waren in die Kasse eintippt. Da stellt man sich automatisch die Frage, ob er die Preise wirklich alle kennt oder ob er einfach irgendwas in die Kasse eingibt. Der Einkauf bei Akdag ist jedenfalls immer ein Erlebnis. Das liegt nicht nur am bazarähnlichen Treiben, sondern vor allem an den vielen verschiedenen Gerüchen und an der Freundlichkeit der Mitarbeiter, die einem gern dabei helfen, den Kinderwagen ins Geschäft zu tragen oder den Nachwuchs zu bespaßen, während man sich selbst durch das Sortiment gustiert.

TIPP: Als Kontrastprogramm zum türkischen Markt bietet sich der heimische Lendmarkt an, ein Bauernmarkt gleich um die Ecke.

Adresse Keplerstraße 34, 8020 Graz // ÖPNV Bus 40, 58, 63, 67, Haltestelle Lendplatz // Öffnungszeiten Mo–Sa 8–19 Uhr // für jedes Alter

97_DER ÜBUNGSPLATZ

Auf dem Laufrad durch den Schilder-Dschungel

Achtung, kleiner Fahrradfahrer von rechts! So schnell kann man sich gar nicht in Sicherheit bringen, da kommt auch schon ein Vorschulkind mit seinem Laufrad links um die Ecke gebraust. In Graz gibt es Straßen, auf denen Kinder auf dem Fahrrad, Roller oder Laufrad herumdüsen können, ohne sich Gedanken über Autos oder Mopeds machen zu müssen.

Mitten im Stadtpark, zwischen Kinderspielplatz und Parkhouse, liegt das Areal des ehemaligen Verkehrsgartens, in dem auch heute noch Straßen, Bodenmarkierungen, Ampeln und Verkehrsschilder die Hauptrollen spielen. Früher haben hier Polizisten Kindern das richtige Verhalten im Straßenverkehr beigebracht, der Platz wurde zur Verkehrserziehung genutzt. Heute sind es vorwiegend Eltern, die diese Aufgabe übernehmen und ihren Nachwuchs in die wichtigsten Regeln im Straßenverkehr einweisen. Dieser darf dabei seinem Bewegungsdrang freien Lauf lassen.

Allein ist man hier zwar selten – am ehesten ganz in der Früh –, dafür kann man die gelernten Regeln gleich in die Tat umsetzen und gemeinsam mit anderen Kindern am Verkehr teilnehmen oder über das neue Fahrrad fachsimpeln.

Sollte man eine Pause brauchen, dann empfiehlt es sich, zum einen eine der Grünflächen als Picknickwiese umzufunktioneren oder noch mal alle Kraft zusammenzunehmen und die Stiegen zum Pfauengarten emporzusteigen. Von hier oben hat man nämlich eine tolle Aussicht auf das rege Treiben im Verkehrsgarten.

TIPP: Direkt nebenan befindet sich der Stadtpark-Spielplatz mit Labyrinth, Rutsche und einem riesigen Sandspielbereich.

Adresse Parkring 20, 8010 Graz // **ÖPNV** Bus 30, Haltestelle Karmeliterplatz; Bus 31, 39, Haltestelle Zinzendorfgasse // **Öffnungszeiten** täglich rund um die Uhr // ab 4 Jahre

98_DIE VERLASSENE TALSTATION

Als es noch einen Sessellift auf den Plabutsch gab

Man kann kaum glauben, dass hier einmal reger Betrieb geherrscht hat. Vornehme Damen, neugierige Ausflügler – sie alle nahmen ein und denselben Weg auf den Plabutsch: den Einersessellift.

Heute zeugen nur noch die Reste der Talstation sowie die zu erahnende Lifttrasse von diesen längst vergangenen Zeiten. Genauer gesagt von den Jahren 1954 bis 1971, in denen dieser Lift in Betrieb war. Im Erdgeschoss findet man noch die ein klein wenig ramponierte alte WC-Anlage vor, im Obergeschoss lassen sich mit etwas Phantasie der Kassenbereich und der Einstiegsbereich vorstellen. Von dort ging es nach oben, und das in gerade einmal sechs Minuten. Heute braucht man zu Fuß eine gute Stunde.

Hinter diesem Sessellift verbirgt sich eine tragische Geschichte. Im Jahr 1956 wurde der Lift für den Zustieg einer Dame kurz angehalten. Daraufhin beschleunigte er aufgrund eines technischen Defekts plötzlich auf die fünffache Geschwindigkeit, was dazu führte, dass die Menschen aus ihren Sesseln geschleudert wurden und einer der Passagiere beim Sturz aus zehn Metern Höhe sogar starb.

Das war allerdings nicht der Grund, warum der Betrieb des Lifts schlussendlich eingestellt wurde. Infolge der Schließung des Restaurants am Berg ging das Interesse der Bevölkerung zusehends verloren, sodass eine rentable Bewirtschaftung des Lifts nicht mehr möglich war. Heute flammen zwar immer wieder Diskussionen darüber auf, den Lift zu reaktivieren. Diese Pläne scheiterten bisher allerdings aus Kostengründen.

Adresse Marktannerweg, 8051 Graz // **ÖPNV** Bus 85, Haltestelle Annakirche // **Öffnungszeiten** täglich rund um die Uhr, nur bei Tageslicht empfohlen // ab 8 Jahre

TIPP: Den Plabutsch kann man heute recht gut über den ein paar Meter von der Talstation entfernten Fürstenstandweg besteigen.

99_DIE VERLORENEN FIGUREN

Auf den Spuren von Austria und Styria

Über die Erzherzog-Johann-Brücke ist bestimmt jeder schon einmal gegangen oder mit der Straßenbahn gefahren. Die – abgesehen von den vielen Vorhängeschlössern, die die Geländer säumen – schmucklose Brücke ist kein architektonisches Meisterwerk, sondern eher ein Mittel zum Zweck. Was die meisten allerdings nicht wissen: Die Brücke hat einmal ganz anders ausgesehen. Viel prunkvoller, mit viel Kunst und Schnörkeln verziert, ganz so, wie es zu Zeiten der Monarchie üblich war.

Die alte Brücke wurde in den 60er Jahren aufgrund des erhöhten Verkehrsaufkommens und der damit verbundenen Sicherheitsbedenken saniert. Da die Mittel knapp waren, wurde diese Sanierung recht schlicht ausgeführt. Das ist zwar schade, aber wenn man weiß, wo, kann man heute noch ein paar Teile der alten Hauptbrücke entdecken.

Zum einen findet man direkt unter der heutigen Brücke, beim Citybeach, Reste des alten, an Schwanenköpfe erinnernden, kunstvollen Geländers, die am Brückenpfeiler montiert sind und nur darauf warten, erspäht und gewürdigt zu werden. Etwas weiter entfernt, am Haus hinter der Welschen Kirche am Griesplatz, stehen eine Laterne sowie ein Wasserspeier. Und noch weiter entfernt, im Stadtpark, kann man den Bronzefiguren der Styria und Austria, den zentralen Figuren der alten Brücke, geschaffen 1891 vom Grazer Bildhauer Hans Brandstetter, einen Besuch abstatten und sich ein Bild davon machen, wie das Bauwerk, das früher Franz-Karl-Brücke oder Hauptbrücke hieß, ursprünglich aussah.

TIPP: Wer sich für die Geschichte der Stadt interessiert, der ist im Graz Museum in der Sackstraße beziehungsweise auf dem Schloßberg bestens aufgehoben.

Adresse Stadtpark, 8010 Graz // **ÖPNV** Bus 31, 39, Haltestelle Zinzendorfgasse // **Öffnungszeiten** täglich rund um die Uhr // für jedes Alter

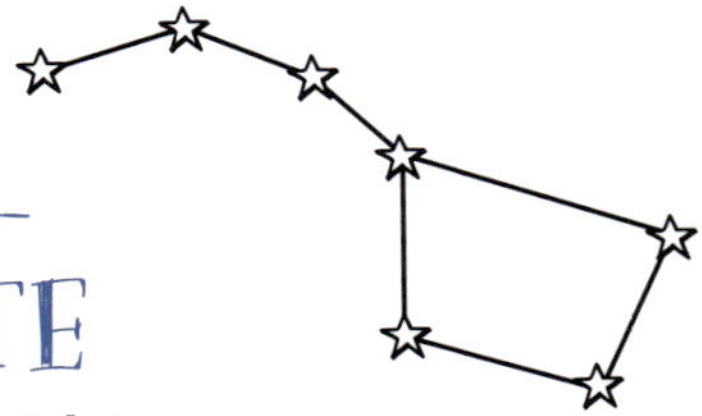

100_DIE VOLKS-STERNWARTE

Ich sehe was, was du nicht siehst

Sterne zählen. Auch wenn diese Vorstellung noch so romantisch ist, fällt diese Aktivität dank der in Graz herrschenden Lichtverschmutzung meist flach, außer man befindet sich gerade auf einem der sieben Gipfel oder einer anderen Erhöhung im Umland. Oder in Gösting. Denn dort, genauer gesagt am Anton-Afritsch-Weg 16, hat man jeden Freitag bei klarem Nachthimmel die Möglichkeit, in den Sternenhimmel zu blicken. Durch ein echtes Teleskop, in einer echten Sternwarte.

Im Rahmen einer Führung durch die 1981 erbaute Sternwarte darf man nicht nur durch das Fernrohr blicken, sondern erfährt auch viel Wissenswertes über die verschiedenen Spiegelteleskope, Refraktoren und sonstigen Instrumente der Sternwarte. Auch wer sich ganz allgemein für das Weltall und den Kosmos interessiert, kommt nicht zu kurz. Die Mitglieder des Steirischen Astronomen Vereins nehmen sich gern Zeit, um die Unterschiede zwischen Asteroiden, Kometen und Meteoriten oder den Aufbau unserer Galaxie, der Milchstraße, zu erklären.

Führungen finden nur bei Schönwetter, das heißt bei klarer Sicht, statt. Bei speziellen Ereignissen wie Mondfinsternissen oder Kometensichtungen gibt es Sonderführungen, die jeweils der Homepage zu entnehmen sind. Zu erreichen ist die Sternwarte zu diesen Uhrzeiten übrigens am besten mit dem Auto. Parkplätze stehen genügend zur Verfügung.

TIPP: Am Bundesrealgymnasium Kepler in der Keplerstraße 1 gibt es auch eine Sternwarte, die nach Voranmeldung besucht werden kann (Tel. 050/248008).

Adresse Anton-Afritsch-Weg 16, 8052 Graz // **Anfahrt** entlang der Wetzelsdorfer Straße in Richtung Steinberg fahren, im Ort rechts abbiegen, Sternwarte ausgeschildert // **Öffnungszeiten** an jedem sternenklaren Fr, Sommerzeit 21 Uhr, Normalzeit 19 Uhr // ab 6 Jahre

101_DIE WALDSCHULE

Schule einmal anders

Graz wird nicht umsonst »die grüne Stadt« genannt, ist es doch zu einem Viertel von Wald bedeckt. Das sind mehr als 3.000 Hektar, mehr als 4.000 Fußballfelder oder rund 2,3 Millionen Bäume. Doch die wenigsten wissen, was ein Wald eigentlich ist, geschweige denn wie er funktioniert.

Das und noch viel mehr versucht die Waldschule Graz ihren Besuchern am Hilmteich im Leechwald näherzubringen. Das Programm ist vielfältig. In unterschiedlichen Workshops und bei Wanderungen wird der Lebensraum Wald erkundet. Das Angebot richtet sich an Kinder ab drei Jahre sowie an Kindergartengruppen, Schulklassen und interessierte Erwachsene.

Hier kann der Wald gehört, gefühlt, gesehen und geschmeckt, also mit allen Sinnen erlebt werden. Es werden sogar Trüffelwanderungen unternommen, außerdem lernt man gemeinsam, wie man ein Vogelhaus baut oder Bäume pflanzt. Es gibt auch geführte Tierbeobachtungstouren. Gruppen ab acht Personen sind ganzjährig nach telefonischer Voranmeldung willkommen. Einzelpersonen oder Familien können an den regelmäßig stattfindenden Programmpunkten teilnehmen oder einfach so vorbeikommen und den Wald mit Hilfe der Schautafeln auf eigene Faust erkunden.

Übrigens ist der Leechwald gerade einmal 20 Hektar groß. Was vor Ort riesig wirkt, ist im Vergleich zur gesamten Grazer Waldfläche doch ganz schön klein.

Adresse Hilmteichstraße 108, 8010 Graz // **ÖPNV** Straßenbahn 1, Haltestelle Hilmteich // **Öffnungszeiten** Infos, Termine und Anmeldung zu Workshops und Führungen unter www.gbg.graz.at // ab 4 Jahre

TIPP: Im Leechwald kann man die Abenteuer der Waldschule ausdehnen, eben Gelerntes in die Tat umsetzen und viele Tier- und Pflanzenarten entdecken.

102_DER WALDSEILGARTEN

Auf Augenhöhe mit den Baumkronen

Im Leechwald kann man nicht nur wunderbar am Boden spazieren, sondern auch in luftigen Höhen, auf Augenhöhe mit den Baumkronen. Für all jene, die sich an dieser Stelle fragen, wie das möglich ist – hier die Antwort: im Hochseilgarten!

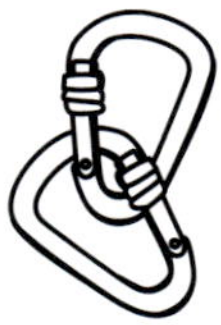

Man bekommt Gurte und Helme und wird am Einschulungsparcours eingewiesen, dann wird man auch schon auf die sieben verschiedenen Parcours mit fünf Schwierigkeitsgraden losgelassen. Diese sind mit den Farben Grün, Gelb, Rot, Dunkelrot und Schwarz gekennzeichnet. Klettern kann man alle Schwierigkeitsstufen, wenn man die jeweiligen Mindestgrößen erfüllt. Das heißt: Für den Parcours der grünen und gelben Kategorie muss man mindestens 110 Zentimeter groß sein, für die anderen mindestens 140 Zentimeter. Das Alter spielt im Waldseilgarten keine Rolle. Oder fast keine, denn Kinder bis 14 Jahre brauchen eine Begleitperson, wobei ein Erwachsener bis zu fünf Kinder betreuen darf. Die Hindernisse mit der grünen und gelben Kennzeichnung befinden sich übrigens in nur circa zwei Metern Höhe, hier können die Begleitpersonen vom Boden aus unterstützen. Ab der roten Kategorie, also vier Meter über dem Boden, muss die Begleitperson selbst mitklettern. Sollte das aufgrund von Höhenangst nicht möglich sein, kann man auch einen Trainer buchen.

Zwischen den Parcours gibt es – am Boden wohlgemerkt – immer wieder Tische und Bänke, an denen man pausieren und sich stärken kann, ehe es mit der Kletterpartie weitergeht.

Adresse Hilmteichstraße 110, 8010 Graz // **ÖPNV** Straßenbahn 1, Haltestelle Hilmteich // **Öffnungszeiten** siehe www.w-a-p.at/services/oeffnungszeiten, Besuch nur mit Termin, bei Regenwetter geschlossen // ab einer Körpergröße von 110 Zentimetern

TIPP: Im Leechwald betreibt der Verein »Wildtiere in Not« eine Auffangstation für hilfsbedürftige Wildtiere, die gern besucht werden darf.

103_DER WASSERSPEIER

Von wasserspeienden Kobolden und anderen Gesellen

An sich ist die Feuerbachgasse eine recht schmucklose Straße. Dennoch sollte man, wenn man vom Südtiroler Platz kommend in Richtung »Bad zur Sonne« spaziert, vor dem roten Haus mit der Nummer 8 kurz innehalten und nach oben schauen. Mit einem scharfen Blick sieht man dort an der Traufe einen eigentümlichen

Gesellen sitzen. Genauer gesagt einen Kobold, seines Zeichen Wasserspeier und Hausbewacher. Heißt also, wenn es regnet, sollte man einen Schirm dabeihaben – man könnte nass werden.

Warum hat man früher eigentlich Wasserspeier an so gut wie jede Hausfassade gebaut? Sie waren praktisch und hatten eine wichtige Aufgabe: Das Wasser, das sich in der Dachrinne sammelte, musste weg. Und das am besten in hohem Bogen, damit die Fassade dabei nicht nass wurde. Auf Passanten, die sich darunter aufhielten, wurde damals wie heute nicht geachtet.

Diese Wasserspeier wurden gern kunstvoll verziert oder mit Figuren versehen. »Je schöner der Wasserspeier, desto reicher der Hausbesitzer« lautete offenbar die Devise. Häufig stellten diese Figuren Schlangen oder Drachenköpfe dar, seltener Kobolde.

Gegen Ende des 18. Jahrhunderts baute man übrigens nur mehr selten solche Wasserspeier an die Hausfassaden und Dächer, da das Fallrohr erfunden wurde, mit welchem das Regenwasser gleich direkt in die Kanalisation geleitet wird.

Adresse Feuerbachgasse 8, 8020 Graz // ÖPNV Straßenbahn 1, 4, 6, 7, Haltestelle Südtiroler Platz // Öffnungszeiten täglich rund um die Uhr // für jedes Alter

TIPP: An der Ecke Feuerbachgasse/Griesgasse gibt es an den Wänden die buntesten und fröhlichsten Graffitis der ganzen Stadt zu bestaunen.

104_DER WASSERSPIELPLATZ

Matschen und gatschen, was das Zeug hält

Nach Herzenslust pritscheln, spritzen und Überschwemmungen fabrizieren, ohne dass Mama gleich schimpft. Das geht am besten am größten Wasserspielplatz von Graz in der Theodor-Körner-Straße 160.

Auf mehr als 13.000 Quadratmetern findet man alles, was das Pritschlerherz begehrt. Mehrere Springbrunnen zum Durchlaufen, ein Staubecken, Wasserräder und ein riesiges Sand-Areal, das man zu einer großen Matschküche umfunktionieren kann. Ein Paradies für alle Kinder mit Hang zum Matschen und Gatschen. Lediglich Wasserspielzeug muss man selbst mitbringen. Und man muss sich als Elternteil darauf einstellen, dass die Kleidung nach der Spielpartie wohl nicht mehr zu 100 Prozent fleckenfrei sein wird. Macht nichts – wofür gibt es schließlich Reservekleidung?

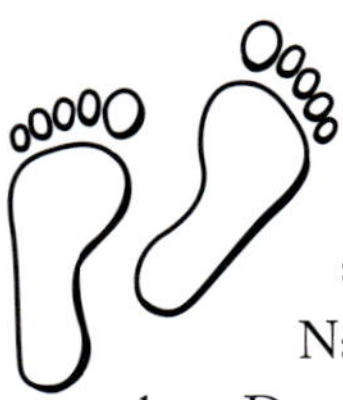

Natürlich stehen hier auch andere Spielgeräte wie Schaukeln, Wippen, Rutschen und Klettergerüste zur Verfügung. Mamas und Papas können es sich unter den schattenspendenden Bäumen gemütlich machen und dem Nachwuchs beim Toben zusehen oder gleich selbst mitmachen. Das Areal ist eingezäunt, was den Kindern die größtmögliche Freiheit gibt, um dem Spiel freien Lauf zu lassen.

Apropos freier Lauf: Eine WC-Anlage ist auf dem Spielplatz auch vorhanden – auf Grazer Spielplätzen leider nicht immer selbstverständlich. Denn wie wir alle wissen, kommt dieses Bedürfnis meistens von null auf 100.

TIPP: An der Mur, hinter der Ortweinschule, liegt der Mur Beach. An der Beachvolleyballanlage kann man bei einem Eis sowohl Hobby- als auch Profispielern beim Volleyball zusehen – oder selbst spielen.

Adresse Theodor-Körner-Straße 160, 8010 Graz // **ÖPNV** Straßenbahn 3, 5, Haltestelle Robert-Stolz-Gasse // **Öffnungszeiten** täglich rund um die Uhr // für jedes Alter

105_DAS WEIHNACHTS-FENSTER

Sind das noch Christbaumkugeln?

Hotdog, Kamm und Straßenbahn – das alles sind Dinge, die uns im täglichen Leben begegnen. Aber gehören sie auch auf den Christbaum?

Wenn es nach den Mitarbeitern von Ferdinand Haller geht, ja! Denn Jahr für Jahr verwandeln sie zur Weihnachtszeit ein Schaufenster in ein Sammelsurium der außergewöhnlichsten Christbaumkugeln, die man je gesehen hat. Wobei das Wort »Kugeln« nicht ganz richtig ist. Neben den schon erwähnten Dingen hängen Pinguine, Flamingos und Hunde neben Palmen, Sonnenschirmen und Cocktails und warten darauf, den ein oder anderen Christbaum zu verschönern. Gut, die Schönheit liegt in diesem Fall eindeutig im Auge des Betrachters. Nichtsdestotrotz kann man sich hier stundenlang die Nase an der Scheibe platt drücken und sicher sein, dass man schon beim nächsten Besuch weitere Kuriositäten entdecken wird, die einem das letzte Mal verborgen geblieben sind.

Und falls sich jetzt jemand fragt, was es hier unterm Jahr im Schaufenster zu bewundern gibt – ganz einfach: Süßigkeiten, Figuren aus Schokolade und kleine Geschenke, die nicht minder liebevoll zur Schau gestellt werden. Die beste Zeit, um dem Schaufenster einen Besuch abzustatten, ist übrigens vormittags. Da ist die Traube an Menschen, die es zufällig hierher verschlagen hat, noch nicht so groß, dass man sich mit Ellenbogentechnik einen Platz in der vordersten Reihe erkämpfen müsste.

TIPP: Um vom weihnachtlichen Trubel ein wenig Abstand zu gewinnen, empfiehlt sich ein Besuch in der Stadtpfarrkirche, die zur Weihnachtszeit eine lebensgroße Krippe beherbergt.

Adresse Herrengasse 23, 8010 Graz // ÖPNV alle Straßenbahnen, Haltestelle Jakominiplatz // Öffnungszeiten Schaufenster: rund um die Uhr, Geschäft: Mo–Fr 9–18.30 Uhr, Sa 9–18 Uhr, www.haller-graz.at/geschicht/#kontakt // für jedes Alter

106_DIE WELLENMASCHINE

Physik begreifen

Wer hätte gedacht, dass die Universität Graz ein Museum beherbergt? Wobei, eigentlich sind es mehrere Museen. Neben dem Kriminalmuseum sind an verschiedenen Universitätsstandorten das Archäologiemuseum, das Haus der Wissenschaft sowie das UniGraz@Museum untergebracht.

In letzterem findet man eine Sammlung verschiedenster historischer physikalischer Geräte. Darunter den ältesten erhaltenen Laserapparat Österreichs oder ein Tunnelmikroskop, das ganz ohne Licht und Linse auskommt. Zugegeben, das ist schwer vorstellbar, daher sollte man es am besten selbst ausprobieren. Denn ganz nach dem Motto »Hands on« darf man im Hauptgebäude der Universität Graz alles angreifen, was sich nicht hinter Vitrinen verbirgt. Mit Ausnahme des größten digitalen Buches der Welt. Aber dieses blättert sich sowieso von allein um.

Ganz ehrfürchtig wird man, wenn man die längste Wellenmaschine der Welt in Gang setzt und dabei zusieht, wie sich die Modell-Laserwelle im Raum ausbreitet. Oder wenn man mit Hilfe der Magdeburger Halbkugeln seine Kräfte misst und feststellt, dass man doch nicht so stark ist wie gedacht.

Besichtigen kann man das Museum zu den Öffnungszeiten, während der langen Nacht der Museen oder nach telefonischer Anmeldung, denn schließlich soll jeder die Möglichkeit bekommen, hier Experimente durchzuführen und sein Wissen zu erweitern.

TIPP: Wenn man schon einmal in der Gegend ist, sollte man sich den Campus der Universität etwas genauer anschauen. Der Neubau des Bibliotheksgebäudes schwebt nämlich zu mehr als der Hälfte in der Luft.

Adresse Universitätsplatz 3, 8010 Graz // ÖPNV Bus 41, 63, Haltestelle Universitätsplatz // Öffnungszeiten Mo 10 – 15 Uhr, Mi, Fr 10 – 13 Uhr sowie nach Voranmeldung unter Tel. 0316/3807444, Führung montags um 10 Uhr, www.universitaetsmuseen.uni-graz.at/de/ihr-besuch // ab 5 Jahre

107_DAS WETTERHÄUSCHEN

Dort, wo die Wetterhexe ihr Süppchen kocht

Wer schon einmal den Schloßberg, den Grazer Hausberg, bestiegen hat – und das hat wohl fast jeder –, dem ist es vielleicht aufgefallen, dieses eigenartige, an eine Litfaßsäule erinnernde Gebilde gleich nach den Kasematten, in dem so komische Apparate hängen. Man munkelt, dass hier die Wetterhexe ihr Unwesen treibt, denn die Geräte, die in dem Häuschen stehen, heißen Barometer, Hygrometer und Thermometer – alles Dinge, die man braucht, um das Wetter vorhersagen zu können. Man sollte der Hexe besser wohlgesinnt begegnen, dann belohnt sie einen mit Sonnenschein. Wenn nicht, kann man sich selbst ausmalen, was wettertechnisch alles passieren kann: Vom herrlichsten Sonnenschein hin zum stärksten Gewitter, Sturmböen inklusive, und das binnen Sekunden, ist alles möglich. Also besser nichts riskieren und immer brav aufessen!

Früher diente dieses Wetterhäuschen, welches sogar unter Denkmalschutz steht, als wichtiger Treffpunkt, an dem sich jeder Bewohner der Stadt ein Bild vom aktuellen Wettergeschehen machen konnte. Die Häuschen, die an stark frequentierten Orten aufgestellt wurden, waren Zeichen technischen Fortschritts. Heute gibt es in Graz nur noch wenige derartige Gebäude, im Stadtpark steht noch ein weiteres. Dank Massenmedien, Internet und Co. sind die Wetterhäuschen längst überflüssig geworden.

TIPP: Die Wiese am Schloßbergplateau eignet sich super, um ein Picknick mit Aussicht zu genießen. Die Zutaten dafür muss man entweder selbst mitbringen, oder man versorgt sich im Biergarten neben dem Schloßbergrestaurant.

Adresse am Schloßbergplateau zwischen Kasematten und Hackher-Löwe, 8010 Graz // **ÖPNV** Schloßbergbahn, Haltestelle Bergstation // **Öffnungszeiten** täglich rund um die Uhr // ab 4 Jahre

108_ DER WILDE KÄFIG

Wo die Natur tun und lassen kann, was sie will

Wer das Joanneumsviertel durchquert, dem fällt bestimmt der runde Käfig auf, der sich am nördlichen Eingang befindet. Hinter den Gitterstäben herrscht Wildwuchs. Und zwar im wahrsten Sinne des Wortes. Denn der Ort wurde vom österreichischen Künstler Lois Weinberger im Zuge der Umgestaltung des Platzes im Jahr 2012 geschaffen, um der Natur die Oberhand zu lassen – ähnlich einem Naturschutzgebiet mitten in der Stadt. Und das funktioniert so: Hier darf alles wachsen, was will. Hier darf alles sein, was will. Hier darf der Mensch nicht eingreifen. Nur beobachten. Der Wind beziehungsweise die Vögel erledigen das Anpflanzen. Der Rest geschieht von ganz allein. Und genau das führt dazu, dass vermeintliches Unkraut wächst und gedeiht und sich zu den schönsten Pflanzen entwickelt. Wohingegen es andere Pflanzen gar nicht schaffen, sich durchzusetzen. Manchmal muss man der Natur eben Zeit geben und freie Hand lassen.

Öfter vorbeizukommen lohnt sich. Denn es sieht hier zu jeder Jahreszeit und jedes Jahr anders aus. Während im Winter nur die zähen Pflanzen durchhalten, duftet es in den wärmeren Monaten nach den verschiedensten Blüten. Zudem kreucht und fleucht es. In den Sommermonaten machen nämlich diverse Kleintierarten wie Schmetterlinge, Bienen, Regenwürmer und Blindschleichen den wilden Käfig zu ihrem Zuhause.

TIPP: Fünf Gehminuten entfernt befindet sich das Franziskanerkloster, dessen Innenhof eine willkommene Abwechslung zum Trubel der Stadt bietet. Außerdem wachsen hier alte Rosenbüsche, die je nach Jahreszeit wunderschön blühen und duften.

Adresse Joanneumsviertel, 8010 Graz // **ÖPNV** alle Straßenbahnen, Haltestelle Hauptplatz; Bus 67, Haltestelle Andreas-Hofer-Platz // **Öffnungszeiten** täglich rund um die Uhr // ab 2 Jahre

109_DER WUNDERGARTEN

Die Heimat der Grazer Fabelwesen

Im Hof der ehemaligen Kanonenbastei hat man nicht nur den besten Blick über die Grazer Dächerlandschaft, sondern erhält auch spannende Einblicke. Und zwar in die Welt der Grazer Fabelwesen, die hier am Schloßberg leben beziehungsweise zu seiner Entstehung beigetragen haben sollen. Wie zum Beispiel der Teufel, der angeblich just über dem Grazer Stadtgebiet einen riesigen Felsbrocken fallen ließ, der in zwei Teile brach. Wovon ein Teil der heutige Kalvarienberg ist, während der andere, viel größere Teil zum Schloßberg wurde. Klingt plausibel.

Eigentlich ist der Wundergarten Teil des Schloßbergmuseums und außerhalb der Öffnungszeiten frei zugänglich. An mehreren Stationen kann man hier spielerisch etwas über das Quintett Elefant, Hund, Löwe, Panther und Teufel erfahren und nach Spuren des Hackher-Löwen suchen. Oder wusstet ihr schon, aus welchen Tieren das Wappentier der Steiermark, der Steirische Panther, zusammengesetzt ist oder was es mit dem steinernen Hund der Kunigunde, der Tochter Kaiser Friedrichs III., auf sich hat? Ganz vorne gibt es eine Aussichtsplattform, auf der man nicht nur den Blick genießen, sondern auch mit Hilfe eines interaktiven Bildschirms in der Zeit zurückreisen und manches bekannte Grazer Gebäude im Wandel der Zeit betrachten kann. Zudem sieht man auch das sich über die Jahre verändernde Panorama von Graz. Richtig toll und wirklich interessant.

TIPP: Eines der Fabelwesen, den Hackher-Löwen, findet man am höchsten Punkt des Schloßbergs. Die Statue wurde zu Ehren des Majors Franz Xaver Hackher zu Hart, des Verteidigers des Grazer Schloßbergs, errichtet.

Adresse Schloßberg 5, 8010 Graz // **ÖPNV** Schloßbergbahn oder Schloßberglift, Haltestelle Bergstation // **Öffnungszeiten** siehe www.grazmuseum.at/graz-museum-schlossberg // für jedes Alter

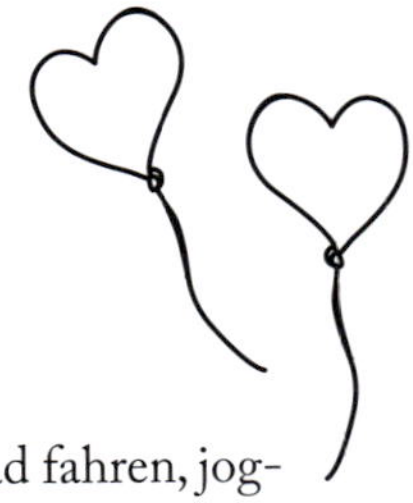

110_DER XAL-PARK

Einmal an der Mur abhängen

An der Murpromenade kann man hervorragend Fahrrad fahren, joggen, spazieren gehen oder einfach den Kinderwagen vor sich herschieben. Die vielen Brücken erlauben eine kurze oder längere Runde, je nachdem, wie flexibel oder motiviert man gerade ist.

Nichtsdestotrotz sollte man sich hier und da auch einmal an eine größere Runde wagen. Denn je weiter man in den Süden kommt, desto interessanter wird es. Das liegt nicht an den immer weniger werdenden Menschenmengen, die sich am Sonntag oft im Innenstadtbereich tummeln, sondern vielmehr an den Orten und Plätzen, die sich am Wegesrand befinden.

Südlich der Puntigamer Brücke kann man nicht nur Golfern beim Abschlag zusehen, sondern auch richtig gut abhängen. Dazu muss man lediglich ein paar Meter weiter flussabwärts spazieren. Oder fahren, je nach gewählter Fortbewegungsart.

Auf Höhe der Firma XAL gibt es nämlich ein kleines Parkareal, in dem Hängematten und lauschige Plätzchen zum Verweilen einladen. Zudem besticht das Firmengebäude selbst durch seine tolle Architektur, während die Jüngsten unter uns viele Plätze zum Verstecken finden. Übrigens: Man braucht sich nicht davor zu scheuen, sich hier aufzuhalten. Denn laut Firmenphilosophie wurde dieser Garten bewusst nicht eingezäunt, um allen, die hier vorbeikommen, als Rastplatz zur Verfügung zu stehen. Richtig toll.

Adresse Auer-Welsbach-Gasse 54, 8055 Graz // ÖPNV Straßenbahn 5, Haltestelle Puntigam, dann Bus 80, Haltestelle Auer-Welsbach-Gasse // Öffnungszeiten täglich rund um die Uhr // für jedes Alter

TIPP: Vom Radweg aus kann man einen Blick auf den Golfplatz werfen, der etwa 200 Meter flussaufwärts liegt.

111_DAS ZEBRAHAUS

Als es in Graz noch Zebras gab …

Schwarz-weiß gestreift oder umgekehrt? Wie auch immer. Vor gar nicht allzu langer Zeit sollen in Graz Zebras heimisch gewesen sein. Eines befindet sich noch immer hier. Allerdings nicht in Gestalt eines echten Zebras, also eines Tieres, sondern in der eines Hauses.

Gut, die Geschichte mit den echten Zebras ist frei erfunden, aber das Haus im Zebralook gibt es wirklich. Es befindet sich in der Wielandgasse 18. Auch wenn die Gasse nicht unbedingt zu den üblichen Spazierrouten gehört – schön ist nämlich anders – und das Gebäude meist nur von außen zu besichtigen ist, kann man schon mal einen Abstecher wagen. Denn es ist durchaus fotogen, das Haus in Schwarz und Weiß. Oder war es jetzt doch Weiß und Schwarz?

Der wahre Grund für sein Dasein ist leider nicht überliefert. Fest steht aber, dass es eine riesige Kunstausstellung, die diethARdT collection, beinhaltet. Das ist eine Sammlung von mehr als 500 Werken wichtiger Künstler – darunter Günter Brus oder Hermann Nitsch – des Wiener Aktionismus, einer Kunstrichtung, die modern ist und provoziert.

Vielleicht hat das Gebäude deshalb so einen besonderen Anstrich, denn modern ist es in jedem Fall. Provokant auch. Über Besuch freut sich das Zebrahaus zweifellos. Und wer weiß – vielleicht hat es ja selbst eine Antwort auf die Frage nach seinem ungewöhnlichen Aussehen parat?

Adresse Wielandgasse 18, 8010 Graz // **ÖPNV** alle Straßenbahnen, Haltestelle Jakominiplatz, von dort 6 Minuten zu Fuß // **Öffnungszeiten** täglich rund um die Uhr, nur von außen zu besichtigen, Führungen durch die Ausstellung auf Anfrage unter Tel. 0316/818306 // für jedes Alter

TIPP: Auf der Rückseite des Kunsthauses Graz gibt es an der Fassade des erhaltenen Altbaus ebenfalls eine Wand, die nur in Schwarz und Weiß gehalten ist und trotzdem ganz anders aussieht.

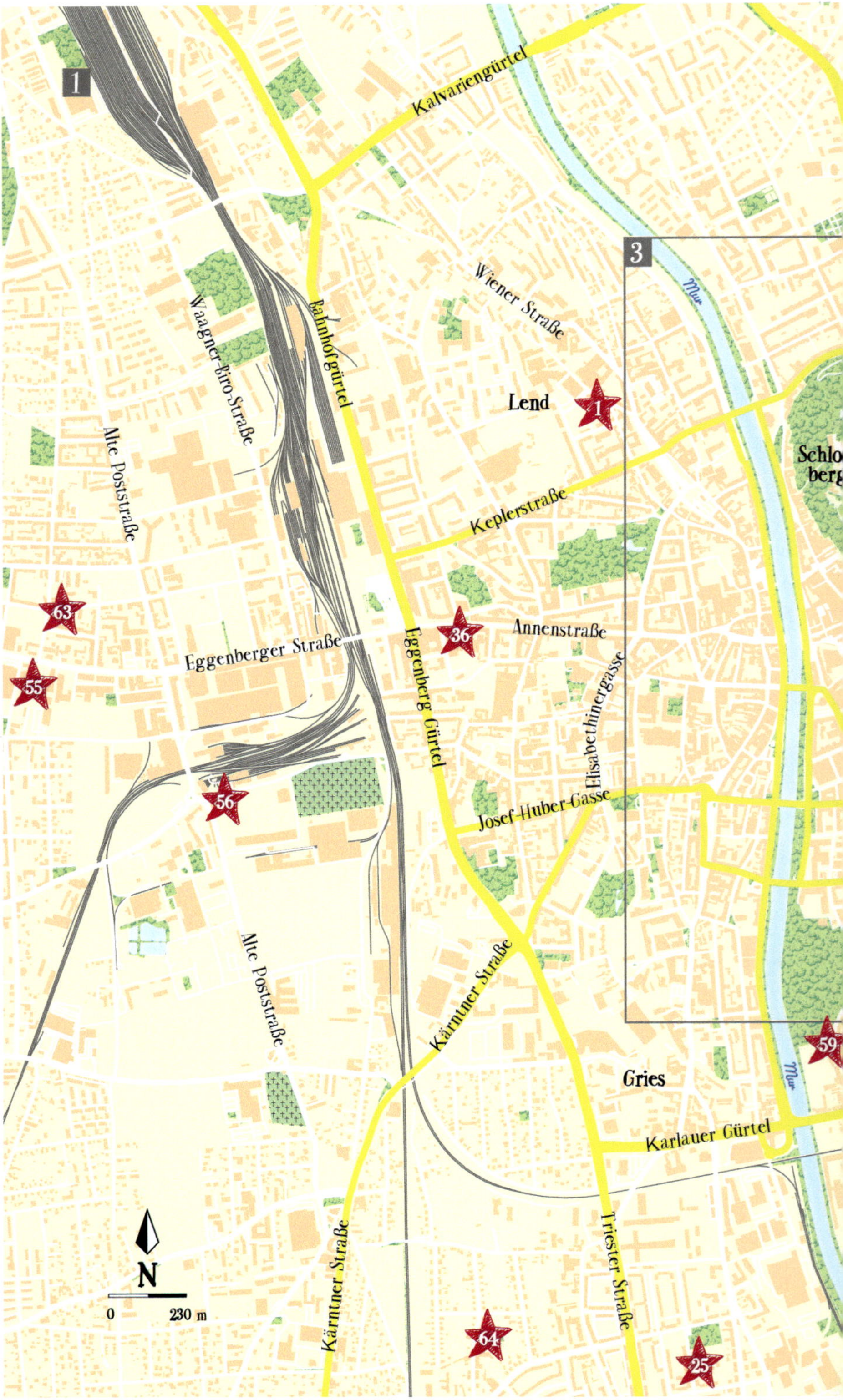

1
Kalvariengürtel
3
Mur
Wiener Straße
Bahnhofgürtel
Waagner-Biro-Straße
Lend
1
Schloßberg
Alte Poststraße
Keplerstraße
63
Annenstraße
36
Eggenberger Straße
Eggenberg Gürtel
55
Elisabethinergasse
56
Josef-Huber-Gasse
Kärntner Straße
Alte Poststraße
59
Mur
Gries
Karlauer Gürtel
Triester Straße
N
0
230 m
Kärntner Straße
64
25

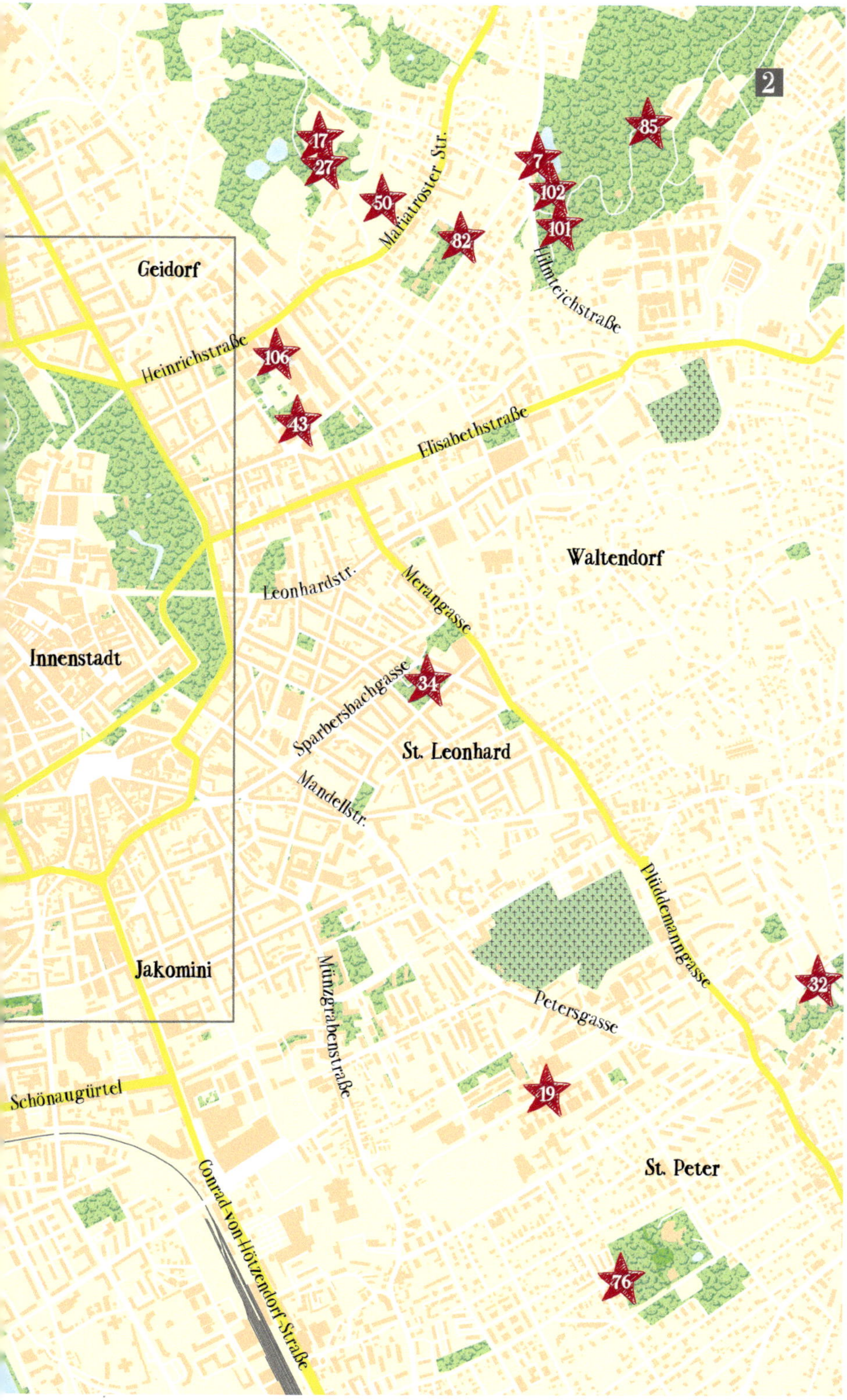

2
Geidorf
Heinrichstraße
Mariatroster Str.
Hilmteichstraße
Elisabethstraße
Leonhardstr.
Merangasse
Waltendorf
Innenstadt
Sparbersbachgasse
St. Leonhard
Mandellstr.
Plüddemanngasse
Jakomini
Münzgrabenstraße
Petersgasse
Schönaugürtel
St. Peter
Conrad-von-Hötzendorf-Straße
17
27
50
7
102
101
85
82
106
43
34
32
19
76

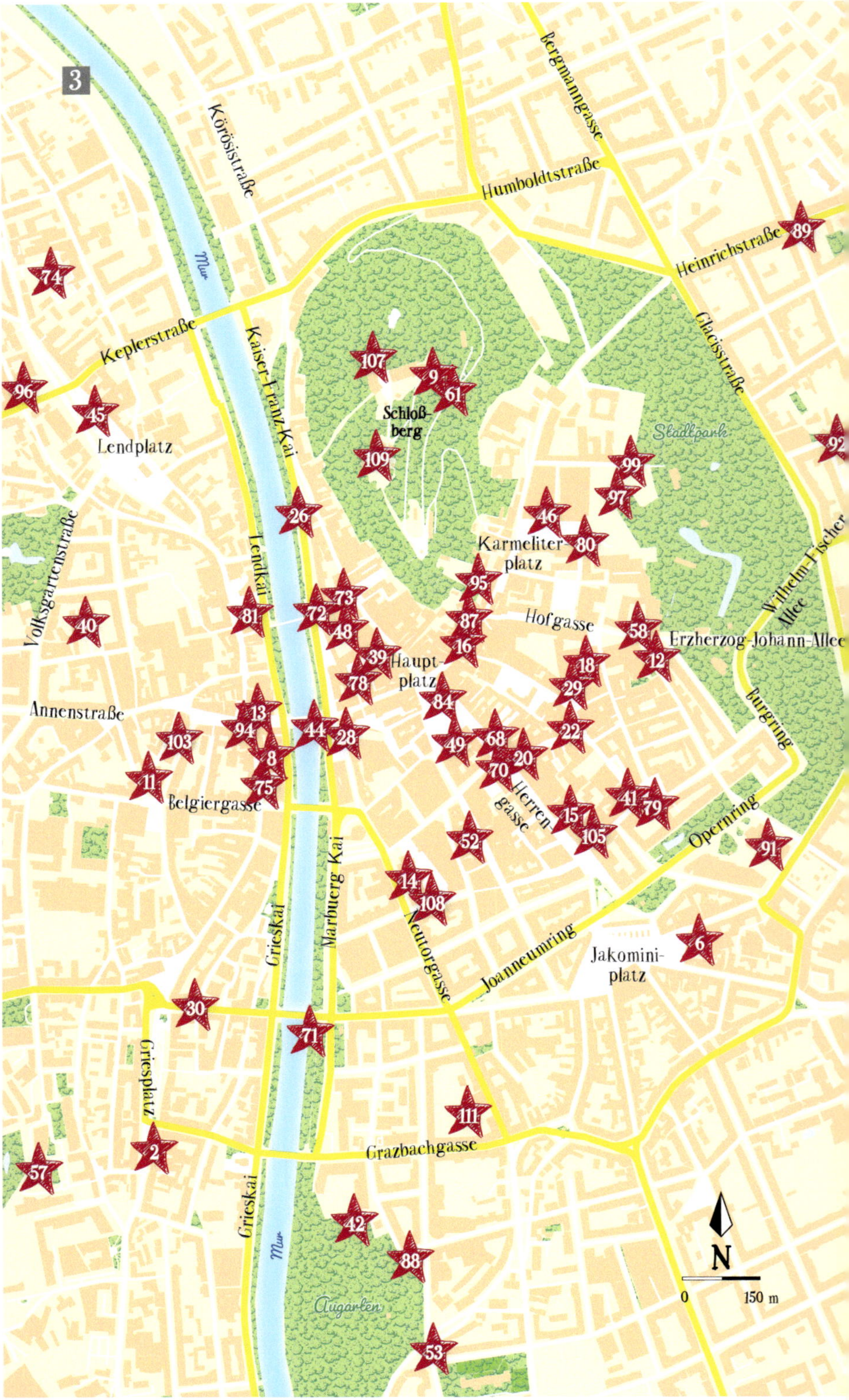

3
Köröisistraße
Bergmanngasse
Humboldtstraße
Heinrichstraße
Mur
Keplerstraße
Kaiser-Franz-Kai
Schloß-
berg
Glacisstraße
Stadtpark
Lendplatz
Volksgartenstraße
Lendkai
Karmeliter-
platz
Hofgasse
Haupt-
platz
Erzherzog-Johann-Allee
Wilhelm-Fischer-
Allee
Burgring
Annenstraße
Belgiergasse
Herren-
gasse
Opernring
Grieskai
Marburger Kai
Neutorgasse
Joanneumring
Jakomini-
platz
Griesplatz
Grazbachgasse
Grieskai
Mur
Augarten
N
0
150 m
74
96
45
107
9
61
109
26
46
99
97
80
95
87
16
89
92
40
81
72
73
48
39
78
84
58
12
18
29
22
13
94
8
75
44
28
103
11
49
68
20
70
15
105
41
79
91
52
14
108
6
30
71
111
2
57
42
88
53

4
9
86
65
35
3
Andritz
93
38
Mariatrost
Gösting
5
21
Mur
98
104
23
1
2
Lend
3
62
54
GRAZ
St. Leonhard
Waltendorf
47
100
Eggenberg
90
83
31
67
St. Peter
77
37
51
10
66
69
24
Straßgang
33
60
Liebenau
110
Puntigam
Mur
A9
Seiersberg
A2
4
N
0
1000 m

Bernadette Németh
111 Orte für Kinder in Wien, die man gesehen haben muss
ISBN 978-3-7408-1390-1

Anja Fischer
111 Orte für Kinder in Salzburg, die man gesehen haben muss
ISBN 978-3-7408-1080-1

Judith Mazzilli
111 Orte für Kinder in und um Linz, die man gesehen haben muss
ISBN 978-3-7408-1176-1

Simone Hausladen
111 Orte für Kinder in Zürich, die man gesehen haben muss
ISBN 978-3-7408-0988-1

Regula Tanner
111 Orte für Kinder in Bern, die man gesehen haben muss
ISBN 978-3-7408-1493-9

Florian Kinast
111 Orte für Kinder in München, die man gesehen haben muss
ISBN 978-3-7408-1737-4

Veronika Wengert
111 Orte für Kinder in und um Augsburg, die man gesehen haben muss
ISBN 978-3-7408-1079-5

Anke Landleiter
111 Orte für Kinder in Nürnberg, die man gesehen haben muss
ISBN 978-3-7408-0852-5

Nadine Luck
111 Orte für Kinder in und um Bamberg, die man gesehen haben muss
SBN 978-3-7408-1075-7

Muriel Brunswig
111 Orte für Kinder im Schwarzwald, die man gesehen haben muss
ISBN 978-3-7408-1268-3

Christiane Kisling-Schwan
111 Orte für Kinder in und um Tübingen, die man gesehen haben muss
ISBN 978-3-7408-1405-2

Franziska Lô
111 Orte für Kinder in und um Stuttgart, die man gesehen haben muss
ISBN 978-3-7408-1542-4

Julia Schönborn
111 Orte für Kinder in Heidelberg, die man gesehen haben muss
ISBN 978-3-7408-0989-8

Marion Demme-Zech
111 Orte für Kinder im Saarland, die man gesehen haben muss
ISBN 978-3-7408-1205-8

Charlotte Mohs
111 Orte für Kinder in Mainz, die man gesehen haben muss
ISBN 978-3-7408-0665-1

Julia Tzschätzsch
111 Orte für Kinder in Frankfurt, die man gesehen haben muss
ISBN 978-3-7408-0686-6

Carina Hirdes
111 Orte für Kinder in Nordhessen, die man gesehen haben muss
ISBN 978-3-7408-1627-8

Jenny Menzel
111 Orte für Kinder in Dresden, die man gesehen haben muss
ISBN 978-3-7408-0837-2

Priska Lachmann
111 Orte für Kinder in Leipzig, die man gesehen haben muss
ISBN 978-3-7408-1834-0

Diana-Isabel Scheffen, Andrea Tuschka, Sarah Larissa Heuser
111 Orte für Kinder in und um Bonn, die man gesehen haben muss
ISBN 978-3-7408-1300-0

Christina Bacher, Norbert Breidenstein
111 Orte für Kinder in Köln, die man gesehen haben muss
ISBN 978-3-7408-1776-3

Martin Berke, Nina Fandler
111 Orte für Kinder in und um Düsseldorf, die man gesehen haben muss
ISBN 978-3-7408-0972-0

Anna Sophie Pietsch
111 Orte für Kinder im Ruhrgebiet, die man gesehen haben muss
ISBN 978-3-7408-1603-2

Janine Eck, Kristina Offermann
111 Orte für Kinder in Potsdam und Brandenburg, die man gesehen haben muss
ISBN 978-3-7408-0977-5

Isa Grütering, Natascha Korol, Theresia Koch
111 Orte für Kinder in Berlin, die man gesehen haben muss
ISBN 978-3-7408-1546-2

Cornelia Kuhnert, Günter Krüger
111 Orte für Kinder in und um Hannover, die man gesehen haben muss
ISBN 978-3-7408-1544-8

Daniela Clément
111 Orte für Kinder in Hamburg, die man gesehen haben muss
ISBN 978-3-7408-1519-6

Katja Josteit
111 Orte für Kinder in Kiel, die man gesehen haben muss
ISBN 978-3-7408-0641-5

Alexandra Schlennstedt, Jost Schlennstedt
111 Orte für Kinder in und um Lübeck, die man gesehen haben muss
ISBN 978-3-7408-0845-7

Meike Spanner, Stephan Hollich
111 Orte für Kinder in Ostfriesland, die man gesehen haben muss
ISBN 978-3-7408-1095-5

Sina Beerwald
111 Orte für Kinder auf Sylt, die man gesehen haben muss
ISBN 978-3-7408-0840-2

Lisa Christina Repnik ist Mutter von zwei Kindern, im Ingenieurbüro ihres Vaters involviert und arbeitet darüber hinaus als freie Autorin und DJane. Auf ihrem Blog www.maunzimadame.com schreibt sie über Geschichten aus dem Mama-Alltag, das Reisen mit Kindern sowie Themen, die sie bewegen. Gemeinsam mit ihrer Familie liebt sie es, um die Welt zu tingeln, fremde Kulturen kennenzulernen und neue, spannende Orte zu entdecken.